明、清、民國時期珍稀老北京話歷史文獻整理與研究

兒女英雄傳評話（初印本）㈣

主編 周建設

副主編 于潤琦 馮蒸

首都師範大學出版社
CAPITAL NORMAL UNIVERSITY PRESS

圖書在版編目(CIP)數據

兒女英雄傳評話 : 初印本 : 全6冊 / 周建設主編.
—北京 : 首都師範大學出版社, 2014.8
(明、清、民國時期珍稀老北京話歷史文獻整理與研究)
ISBN 978-7-5656-2032-4

Ⅰ. ①兒… Ⅱ. ①周… Ⅲ. ①北京話-文獻-匯編-中國 Ⅳ. ①H172.1

中國版本圖書館CIP數據核字(2014)第181467號

兒女英雄傳評話(初印本)四
周建設◎主編
責任編輯:趙自然 封面設計:劉銀霜
首都師範大學出版社出版
(北京西三環北路105號 郵政編碼100048)
(1)68418523(總編室)68982468(發行部)
(2)www.cnupn.com.cn
全國新華書店發行
湘潭市風帆印務有限公司印刷
710mm×1000mm 1/16 印張:18
2014年8月第1版
2014年8月第1次印刷
印數1-3000
ISBN 978-7-5656-2032-4
定價:516.00元

出版説明

北京是千年古都，在其歷史發展過程中，融合了多民族的文化習俗，尤其在語言方面，形成了極富特色的京腔、京韵，是北京文化中不可或缺的部分。隨着時代發展，人口流動頻繁，語言交互影響，老北京話中的精粹如京味兒小説、民謡童謡、方音字彙等，日漸淡出，已趨消亡之勢。

爲了更好地挖掘、保護和研究老北京話這一珍貴非物質文化遺産，首都師範大學北京話研究中心啓動了《明、清、民國時期珍稀老北京話歷史文獻整理與研究》項目。本項目是國家社科基金重點項目（編號：10AYY005）『三百年來北京話的歷史演變和現狀研究』、北京市社科重點項目（編號：12WYA002）『北京話的歷史與現狀研究』的學術成果，受到多方關注，同時得到了國家出版基金資助，及北京市教委科研基地建設項目、首都師範大學文化研究院的支持。該項目以對明、清、民國時期珍稀老北京話歷史文獻的整理與研究爲主要目的，并將之集結成册。本套叢書的編輯出版以『調查、整理、傳承、研究』爲基本方針，分小説、音韵、歌謡三大部分。編纂工作繁難復雜，兹將有關事宜略述如次：

一、小説部分。以明、清、民國時期京味兒小説爲主，涵蓋損公、徐劍膽、冷佛、文康等人的代表作品，主要介紹當時北京社會生活狀態、風俗文化、人情世故，同時保留了當時的北京話，反映了北京話的歷史變化。

二、音韵部分。包括記録明、清、民國時期北京語音的《音韵逢源》《京音字彙》和《南北方音》等韵書、字典。

三、歌謡部分。包括《一歲賀聲》《孺子歌圖》和《一八九六歌謡》等歌謡、吆喝。

四、每種圖書均由今人撰寫導讀一篇，主要簡述原作者生平、成書過程，該書思想内容、語言特色、學術價值、版本源流等，采用繁體竪排形式，置於該圖書之前，一并出版。爲方便閲讀，導讀中所引原書部分均進行標點。

五、本套書全部據原書影印出版。有些資料因年代久遠，珍貴難尋，或有個别頁碼缺失、字迹脱落現象，實難求全，謹以歷史文獻原貌呈現。

六、在部分圖書中，後来學者直接在書上作了校勘或標注，影印出版時亦予保留，以存原貌。

七、爲方便閱讀，保留了原書的扉頁、版權頁等。又每册之首均新編了目録，以便檢閱。

八、因當時印刷技術所限或人爲抄寫等原因，原書中會出現錯、脱、衍、乙字等情况，請注意辨别。

《明、清、民國時期珍稀老北京話歷史文獻整理與研究》文獻卷帙浩繁，時間倉促，難免出現缺失疏漏，誠望社會各界批評指正。

二〇一四年六月

編　者

目録

兒女英雄傳評話第二十七回

踐前言助奩伸情誼　復故態怯嫁作嬌癡

上回書表的是張金鳳現身說法十層妙解講得個何玉鳳俠氣全消何玉鳳立地回心一點靈犀悟澈那安龍媒良緣自定作聽去祇幾句閨閣閒話無非兒女喁喁細按來都一片肝膽照人不讓英雄豪氣這話又似乎是說書的迂濶之論了殊不知凡爲女子必須婦德婦言婦容婦工四者兼備纔算得個全人又得知道那婦工講的不是會納單絲兒紗會打七股兒帶子就完了須知整理門庭親操井臼總說一句便是勤儉兩個字婦容講的不是梳

鬅頭甩大袖穿撒褲腳兒裁小底托兒就得了須要坐如鐘立如松卧如弓動不輕狂笑不露齒總說一句便是端莊兩個字婦言不是花言巧語嘴快舌長須是不苟言不苟笑內言不出外言不入總說一句便是貞靜兩個字講到婦德最難要把初一十五吃花齋和尚廟裡去掛袍姑子廟裡去添斗借着出善會熱鬧熱鬧撒和撒和認作婦德那就悞了大事了這婦德須孝敬翁姑相夫教子調理媳婦作養女兒以至和睦親戚約束僕婢都是天性人情的勾當果然有了婦德那婦言婦容婦工件件樁樁自然會循規蹈矩便是生來的心思笨些相貌差些也不失爲

本色婦女却又有第一不可犯偏最容易犯的一樁事切切莫被那買甜醬高醋的過逾賺了你的錢去你受一個妬嫉的病兒博一個醋娘子的美號說書的最講恕道話同一個人怎的女子就該從一而終男子便許大妻小妾這條例本有些不公道易地而觀假如丈夫這裡擁着金釵十二妻兒那裡也置了面首十人那作丈夫的答應不答應無如陽奇陰耦乃造化之微權此倡彼隨是人生之至理偏是這班醋娘子這樁事自己再也看不破這句話誰也合他說不清所以從古至今的婦人孝順節烈的儘有找個不吃醋的竟少少兒的但是同樣一口醋却得分

一個會吃不會吃先講那會吃醋的如文王的后妃自然要算千古第一人了其餘大約有三種一種是仗心地吃醋不是自己久不生育便是生育不存把宗祧家業兩件事看得着緊給丈夫置幾房姬妾自己調理管教疼起來比丈夫疼的甚管起來比丈夫管的嚴不怕那侍妾不敬我如天神丈夫不感我如菩薩無論那一房生個孩子我比他生母還知痛癢還能教訓人道妾側礙於妻齊我道嫡母大似生母親族交贊名利雙收這種吃醋要算神品再一種是靠本領吃醋自己本生得一副月貌花容一團靈心慧性那怕丈夫千金買笑自料斷不及我一顧傾城

不怕你有喜新厭舊的心腸我自有換斗移星的手段久而久之自巳依然不失專房擅寵那侍妾倒作了個掛號虛名却道不出他一個不字這種吃醋叫作能品再一種是頭臉面的吃醋或者本家弟兄衆多親戚宴會姐妹妯娌談起來你誇我耀彼此家裡都有兩房姬妾自巳一想又無兒無女又有錢有鈔不給丈夫置個妾覺得在人面上掛不住没奈何一狠二狠給他作成了却是三面說不到家一生不得合式這毛病人人易犯處處皆同這種吃醋便是常品這都講的是會吃醋的如今再講那不會吃醋的也有三種一種是没來由的吃醋自巳也有幾分姿

容丈夫又有些兒淘氣既沒那兒解規諫他又沒那才情籠絡他房裡只用幾個童顏鶴髮的婆兒鬼臉神頭的小婢兒見丈夫合外人說句話便要賣番稽查望一眼也要加些防範甚至前腳纔出房門後腳便差個能行探子前去緝探再不想丈夫也是個帶腿兒的把他逼得另悻以肉生趣毫無荊棘滿眼就不免在外眠花宿柳蕩檢踰閑丈夫的品行也壞了他的聲名也丟了他還在那裡賊去關門明察暗訪這種吃醋得可笑一種是不自量的吃醋自己不但不能料理薪水連丈夫身上一針一線也照應不來作丈夫的沒奈何弄個供應櫛沐衾裯的人也算照

顧了自已也算幫助了他於他何等不妙他不是左丟一鼻子便是右扯一眼甚至指桑罵槐尋端覓釁始而那丈夫還顧名分待妾遵拘禮法及至鬧到糊塗蠻纏講不清了只好儘他鬧他的人家過人家的他可竟剩了犯水飲苦肝氣疼了這種醋吃得可憐一種是渾頭沒腦的吃醋自己只管其醜如鬼那怕丈夫弄個比鬼醜的他也不容自家只管其笨如牛那怕丈夫弄個比牛笨的他還不肯抄總兒一句話要我的天靈蓋着悶棍敲要我的心頭血用尖刀刺要講給丈夫納妾我寧可這一生一世看着他沒兒子都使得想納妾不能這種醋吃的都是可怕世上

偏有等不爭氣没出豁的男子越是遇見這等賢内助他越不安本分一味地啖腥逐臭還道是竊玉偷香弄得個茫茫孽海醋浪滔天擾擾塵寰醋風滿地又豈不大是可慘列公你道好端端的兒女英雄傳怎的會鬧出這許多醋來豈不連這回書也壞了醋了這話正因這書裡的張[illegible]金鳳合何玉鳳而起如今把他兩個相提論並起來不是麗爭妍聰明相等論才藝何玉鳳比他有無限本領論家世何玉鳳比他是何等根基況且公婆合他既是累代淵源丈夫待他自然益加親厚這等一個人便在宦途世路上遇着了還不免弄成個避面尹邢怎的肯引他作同

心管飽不想張金鳳他小小一個婦人女子竟能認定性情作得這樣到地不知安老夫妻何修得此佳婦安公子何修得此賢妻何小姐何修得此膩友想到這裡就令人不能不信不善餘殃積善餘慶乖氣致戾和氣致祥的幾句話了剪斷殘言言歸正傳卻說安太太見何玉鳳經張金鳳一片良言言下大悟奔到自已膝下跪倒塵埃低首含羞的叫了聲親娘知他滿懷心腹事盡在不言中太太便先作了個婆婆身分不像先前謙讓端坐不動的一手把他攬在懷裡說道今日是你大喜的日子不許傷心你這纔是你父母的孝順女兒纔是我安家的孝順媳婦你

方纔要沒那番推托不也是女孩兒的身分如今要沒這番悔悟也不是女孩兒的心腸也難爲你妹妹眞會說也難爲你眞聽話我合你公公一年的提心吊膽到今日且喜遂心如意了說着便一隻手拉起他來又叫丫頭給你新大奶奶濕個手巾來把粉勻勻褚大娘子忙一把攙了他過來說先歇歇兒罷站了這半天了讓再讓三姑娘只搖頭不肯坐褚大娘子此時是樂得眉開眼笑要露出個娘家的過節兒來只管讓把個姑娘讓急了低聲說道你怎麼這麼糊塗你瞧這如何比得方纔也有來不來的我就大馬金刀的先坐下的咦誰說姑娘沒心眼兒呀按下

這邊再整張金鳳這半日合何玉鳳講了萬言嘴也說破了嗓子也說乾了連嘴說帶手比袖子也累掉了袖口裡的小手巾兒手紙掉了一地柳條兒忙着過來給他揀隨緣兒媳婦又倒過一盌茶來他一面就着那媳婦手裡喝茶一面挽着袖子又看見華嬤嬤戴嬤嬤兩個在那裡悄悄的彼此道喜他便惱他兩個道嚄二位嬤嬤倒先認着親家了說着挽好了袖子纔整衣裡鬢過來給婆婆道喜安太太自然更有一番嘉獎不及細述他見過婆婆便走到玉鳳姑娘跟前先深深道了個萬福說道姐姐大喜隨又跪下說妹子今日說話莽撞冒犯姐姐可實在是出於

萬不得已妹子不這樣莽撞大料姐姐也不得心回意轉我這裡給姐姐賠個不是姑娘心裡這一感一媿也顧不得大家在坐連忙跪下雙手把他抱住叫了聲我那嫡嫡親親的妹子往下只有哽咽的分兒却說不出第二句話來誰想好事多磨這個當兒張太太又吵吵起來了說姑奶奶越說叫你好好兒的合他說別逼扣他說結了咱好給他張羅事情這天也是時候了你可儘着招他哭哭咧咧的是作甚麽呢是作甚麽呢張金鳳站起來笑道人家婆婆都認過了你老人家還叫我合他說甚麽呀他道咱兒着他依了真的嗎褚大娘子道你老在那兒來着他聽

了口中念念有詞先念了聲阿彌陀佛站起來往外就跑只聽他那兩隻脚踹得地蹬蹬的山響掀開簾子就出去了安太太忙問親家你那裡去他也不理張姑娘隨後趕到簾子跟前往外一看原來他頭南脚北跪在當院子裡碰頭呢只聽他咕咚咕咚把腦袋碰的山響說道神天菩薩這可好了說着站起來趁身又進了屋子對着那神主也打着問訊磕了陣頭說噯這都是你老公母倆有靈有聖啊我多給你磕倆罷大家看了無不要笑姑娘心裡却是更覺不安定了一定安太太便道快着先叫人請你公公合九公去罷這老弟兄兩個不知怎樣惦着呢正說

着只聽牕外哈哈大笑正是鄧九公的聲音說道不用請不用請我們在此聽得多時了好一個能說會道的張姑娘好一個聽說識勸的何姑娘這都是我們老弟合二妹子你二位的德行我這邋遢沒白來了我們姑娘呢這還不當見見你這位舊伯伯新公公嗎原來姑娘此時見張老合褚一官都跟進來人多有些害羞躲在人背後藏着褚大娘子忙拉他出來他便同褚大娘子過去低頭不語的在公公跟前拜了下去安老爺道媳婦起來你看這纔是天地無私姻緣有定我今日纔對住我那恩師世弟因合太太說道太太我家有何修持玉格有多大造化上天賜

我家這一雙賢孝媳婦太太道這也都是一定老爺可記得當日出京的時候說的話說將來娶個媳婦不在乎富室豪門只要得個相貌端莊性情賢慧持得家吃得苦的孩子那怕他是南山裡的北鄙裡的都使得不想今日之下得了這樣相貌端莊性情賢慧的一對兒眞個一個是南山裡的一個是北鄙裡的老爺看這兩個孩子還愁他不會持家不能吃苦麼老爺道是呀我倒不曾想到這裡因把當日卜三爺給公子提親不得成的話告訴了鄧九公一遍鄧九公道姑娘你聽聽萬事由不得人哪你不信只看頭上那位穿藍袍子的他是管作甚麼兒的呢你瞧

如今師傅是把你的終身大事說成了我同你大奶姐我們爺兒倆還有點臊臉禮兒給姑娘墊個箱底兒不值得給你送到跟前來我纔托了我們張老大都給上了抬了偺爺兒倆可有句話講在頭裡你可不許不收我的原故自從偺爺兒倆認識以後是說你算投奔我來了你消受着我一絲一毫好處師傅受你的好處可就難說了都擱在一邊子只你路見不平拔刀相助替我打倒海馬周三那回事那就算你在世街路上留了朋友俊了師傅了講到那一萬銀子原是我彆一口氣同海馬周三賭賽的你既贏了他我把這銀子轉來送你你受之當然自說咧你

不要我的及至你偶然短住了借爺兒倆的交情就許不到個借字兒還字兒通共一星子半點子你纔使了我三百金子這算得個甚麽兒歸齊不到一個月你還轉作灣兒到底照市價還了我了姑娘在你算真夠瞧的了你想師傅九十歲的人我這臉上也消消的不消消的今日之下好容易碰着你這椿事了多了師傅也架不起一千金子姑娘添補個首飾一箱銀子姑娘買個胭脂粉兒條外還有繡緞呢雨綢緞綾羅以至寶漏紗葛夏布都有一共四百件子這也不是我花錢買來的都是這些年南來北往那些字號行裡見我保得他全縣無事他們送我的可

倒都是地道實在貨兒你留着陸續作件衣裳如今沒別的水過地皮濕姑娘就是照師傅的話實打實的這麼一點頭算你瞧得起這個師傅了不然你又講究到甚麼施恩不望報的話不收我的師傅先合你嗑下個點兒師傅這盪來京叫我出不去那座彰義門安老爺連忙道老哥哥你這是怎麼說鄧九公滿臉發燒兩眼含淚的道老弟你不知道愚兄的窩心我真對不住他麼褚大娘子道他老人家這話說了可不是一遭兒了提起來就急得眼淚婆娑的說這是心裡一塊病大妹妹你如今可好歹不許辭了列公請看世上照鄧老翁這樣苦好行情的固然少

有照何小姐那樣苦不愛錢的却也無多講到受授兩個字原是世人一座貪廉關然而此中正是難辨伯夷餓死首陽孟子道他聖之清者也陳文子有馬十乘我夫子也道他可謂清矣上古茹毛飲血可算得個清了始終不能不茹毛不飲血還算不飲清到極處自有不近人情的一班朋友無故的妻辟纑妾織蒲無故的布被終身做個終日究竟道幾位朋友那個是個人物降而晚近又合這班不同口口說不愛錢是不愛小錢愛大錢口口說不要錢是不要明的要暗的好容易盼得他大的也不愛暗的也不要了却又打了一個囫圇位結主名利兼收不須伸手自

然纏腰的算盤依然逃不出一個貪字所以說不近人情者鮮不爲大奸大慝便是老生常談也道是不要錢原非異事過沽名也是私心又道是聖賢以禮爲歸豪杰惟情自適何小姐原是個性情中人他怎肯矯同立異只因他一生不得意逼成一個激切行逕所以寧飲盜泉之水不受嗟來之食到了眼下今非昔比冤仇是報了父母是葬了香火姻緣是不絕了終身大事是妥當了人生到此還有甚麽不得意處更兼鄧九公合他有個通財之誼揹子上送了這等一分厚禮豈有個大儀全璧的理只爲的是幫箱的東西不好謝出口來安太太怕羞了他便接口道

九大爺合大姐姐大遠的來了還這麼費心明日叫媳婦一總磕頭罷鄧九公這纔撚髯大樂說着只聽廂房裡的鐘打了十一下了安太太道老爺可得讓九哥合大姑爺吃飯了鄧九公道實不相瞞方纔你們說話這個當兒我兩個同張老大女婿大姪兒都在這廂房裡雅默雀靜兒的把飯吃在肚子裡了我們老弟怕我悞事他一口酒也不許我喝這回來可痛痛的喝一場罷了說罷又呵呵大笑道姑娘你這頭兒的事師傅算張羅完了我可得替我們老弟那頭兒張羅張羅去了安老爺便陪了他同張褚二人往前邊去不提安太太這裡也要到前邊張羅事情

去便約褚大娘子過去吃飯褚大娘子因要合姑娘盤桓盤桓就等着送親因說我這裡合他娘兒們就吃了省得回來又過來安太太道要姑奶奶在這邊幫着我兜放心了因合張太太道親家這邊小厨房裡預備着飯呢我那裡有給媳婦包下的飩餛裡頭單弄的菜回來叫人送過來親家可叫他多吃點兒鬧了這半天了張太太一一答應安太太便別過褚大娘子把張姑娘留下又吩咐何姑娘說外邊有人不用出來纔待着一羣僕婦丫鬟往那邊去大家送到院子裡媳婦提被婆婆這件婆婆又囑咐媳婦那件半日還談不完這個當兒只剩姑娘一個人兒在

屋裡心下想道我自從小時候就跟父母在任上關在衙門裡也走不着個親友凡這些婚嫁的喜事我從沒經過瞧不得我在能仁寺給人家當了會子媒人共總這女孩兒出嫁是怎麽椿事我還悶沌沌呢自從去年見了他們算叫他們把我裝在罈子裡直到今日纔掏出來今日輪到我出嫁了我到了人家我該怎麽着該說甚麽這都是褚大姐姐合小金鳳兒倆個鬧們的再說我這不出嫁的話我是合我乾娘說了個老滿兒方纔他老人家要在跟前兒到底也知道我是叫人逼的没法兒了偏偏兒的單擠在今日個家裡有事等人家回來可叫我怎麽見人家呢

越想心上煩悶起來可煞作怪不知怎的往日這兩道眉毛一擡就瓚在一塊兒了此刻只管要往中間兒擡那兩個眉稍兒他自已會往兩邊兒展往日那臉一沉就綳住了此刻只管往下瓜搭那兩個孤拐他自已會往上逗不禁不由就是滿臉的笑容兒益發不得主意想了半日忽然計上心來說有了等我合他們磨宅子磨道那兒是那兒說書的這話却不是大離話請看人生在世到了兒女傷心英雄短氣的時候那滿懷的茹苦吞酸眞冒人海茫茫無可告語忽然的有人把他說不出的話替說出來了了不了的事給了了這個人還正是他一個性情相投的

人那一時喜出望外到了衾影獨對的時候真有此情此景閒話休提卻說褚大娘子合張太太送了安太太同來見姑娘一個人坐在那裡把脊梁靠在墻上低頭無語手裡只弄手巾便說道偺們這可到廂房裡歇歇兒去罷回來吃點兒東西妝扮起來也就是時候兒了姑娘頭也不抬口也不開只是不動張姑娘又催道走哇姐姐他道我走不動了張太太問道咱又走不動咧腳疼啊他道我的腿拆了這書裡自末路窮途幸逢俠女一回姑娘露面兒起從沒聽見姑娘說過這等一句不着要的話這句大槩是心裡痛快了要按俗語說這就叫作沒溜兒提一個白

字便叫作沒路兒張太太道大好日子的甚嗎話呀走罷呀姑娘道我走不動你們大夥兒抬了我去罷褚大娘子道這話早些兒回來少不得有人抬姑娘姑娘從方纔一個不得主意此時是風聲鶴唳草木皆兵忙問誰抬我褚大娘子道等到了吉時人家就拿花紅轎兒八個人兒抬了去了我不怕你笑話我怯我長這麽大還是頭一遭兒看見大紅猩猩氊的轎子敢是比我們家鄉那怯轎子好看多着呢姑娘這纔想過來了瞅了他一眼嘴裡又嘖嘖了兩聲說誰倒是合你們說這些呢張金鳳又催道姐姐別攪快走罷姑娘道你拉的動我我就跟了你去張金鳳

道真的呀說着當真用手攥住他的腕子纘一拉只聽姑娘噯喲了一聲說張姑娘女孩兒家怎麽這麽蠢哪拉的人胳膊生疼口裡說着不由得那身子隨了張姑娘站了起來跟着就走噫嘻這是那裡說起姑娘要些微的動動勁兒大約捆上二十張金鳳也未必掙得動他一個指頭這麽一拉就會把姑娘的胳膊拉疼了吾誰欺欺燕北閒人乎但是一個打定主意磨宅子的人不這樣一搭赸哇他怎麽下場又叫那燕北閒人怎生收這一筆却說張金鳳聽了笑道我的不是走罷走罷豬大娘子便在後頭推着他張太太也跟在後面纔往廂房裡去一進門兒姑娘

一抬頭看見右邊那付對聯又叨叨起來了說這還鬧的是甚麼果是因緣因結果呢及至念出口來自巳耳輪中一聽心裡忽然悟過來暗說且住這上頭一開口四個字豈不明明白白說的果是因緣麼到了果是因緣了還怕不因這個緣就結那個果嗎隨又看下聯空由色幻色非空七個字心裡又道只說出家出家如今鬧到出嫁了自然是色不是空了還用講嗎可不是空由色幻色非空是甚麼呢那裡的甚麼禪語呀這等看起來這張畫兒一定還有個啞謎兒在裡頭隨又仔細一看早明白了，張姑娘見他那裡發獃只瞪着他笑又聽他忽然問道這都是誰幹的張金鳳道這是婆婆說姐姐新搬家墻上怪素的叫我弄張畫兒找副對子掛上我想這是姐姐坐靜的地方兒我就出了個主意告訴外頭畫了這麼一張可不知找甚麼人畫的那對子就是纔說的那個屬馬的寫的姑娘又看了一看心裏說道甚麼七寶蓮池八寶蓮池的這可不是我夢裡的那個名花並蒂麼還怕我同張姑娘不跟着那個天馬行空的回來同去呀竟攪我麼他們要早告訴了我何苦叫我打這半天的悶葫蘆呢一面想一面扭着頭看一面掀開裡間那個軟簾兒往裡走進門一抬頭不妨炕裡牀邊端端正正坐着一個人一時就想不到倒

嚇了一跳一看那人不是别人正是他乾娘佟舅太太姑娘見了他乾娘臉上却一陣大大的磨不開要告訴這件事一時竟不知從那裡告訴起忙上前拉住舅太太說道娘你怎麼這時候兒纔來只瞧這裡叫他們鬧的這個姑娘這句話不但不接氣并且不成句妙在說了這半句往下也沒話了只有素面起紅雲低着個頭撇着個嘴舅太太早已明白他的意思連忙站起來拉着他的手笑道姑娘可大喜了我不但不是今日這時候纔來我昨日本就沒到那裡去我就在前頭幫着你公公婆婆料理你的事來着倒合褚大姑奶奶談了半天這事你不用說了我從

船上見着你那天就全知道了今日實告訴你我看你公公婆婆爲難的那個樣兒這裡頭還有我給他們出的一半子主意呢今日這件大喜的事作成了你這個乾女孩兒我可算認着了這邊是我的女兒那邊兒是我的外甥媳婦還怕你不孝順我嗎舅太太這話是要叫姑娘心裡過得去無奈姑娘自己覺得臉上磨不開只得說道好連你老人家也賺起我來了說着上了炕從鋪蓋垜裡抽出個枕頭來靣向牕戶躺倒就睡張太太道別價睡了完了那纂咧舅太太道親家太太你叫他歇歇兒罷他整鬧了這一早起了天也早呢這個當兒張姑娘便叫人張羅擺

飯便有安太太給姑娘送過來的喜字饅首果粉糕棗兒粥又是兩盌百和鴛鴦鴨子如意山雞捲兒還有包過來的餛飩都是姑娘素來愛吃的一時都擺在外間炕桌上舅太太便叫姑娘起來偺們陪褚大姐姐吃飯去了姑娘只在那裡裝聽不理張姑娘道姐姐起來罷不要打主意起麼呀姑娘仍不言語舅太太便向張姑娘打了個手勢張姑娘道姐姐再不起來我上去膈肢去了原來姑娘天不怕地不怕單怕膈肢他的膈肢窩纔聽得這句便笑着說道你敢張姑娘眞個上了炕呵了呵手要去膈肢他他也禁笑得咯咯咯咯亂顫張姑娘便向他兩掖抓了兩把

他不由的兩隻小腳兒亂登便連忙爬起來這纔出外間去吃飯舅太太便叫把桌子橫過來讓褚大娘子坐了上首自己下首相陪玉鳳金鳳兩個坐在炕裡邊姑娘纔坐下話又來了說媽怎麼不一塊兒吃呀張姑娘道姐姐是樂糊塗了你不知道他老人家吃長齋呀姑娘道這還吃的是那門子的長齋呢難道今日個還不開嗎張太太道不當家花拉的也有個白眉赤眼兒的就這麼開齋的舅太太說你別忙等着你過了門看個好日子你們三個人好好兒的弄糕兒吃的再給親家太太順齋那纔是呢姑娘道我不懂娘這會子又拉扯上人家褚大姐姐作甚麼

褚大娘子笑道噯喲姑太太不是我喲我没那麽大造化喲姑娘睁着眼問道那麽那一個是誰舅太太只是笑答應不出來張姑娘道還是那個騎馬的姐姐吃飯罷姑娘這纔不言語了低着頭吃了三個饅頭六塊栗粉糕兩盌餛飩還要添一盌飯張太太道今兒個可不興吃飯哪姑娘道怎麽索興連飯也不叫吃了呢那麽還吃餑餑說着又吃了一個饅頭兩塊栗粉糕找補了兩半盌棗兒粥連前帶後算吃了個成對成雙四平八穩飯罷大家盥漱烟茶各取方便仍到裡間來坐早有安老爺安太太那邊差了四個女人來見舅太太内中晉升女人回道奴才老爺

太太打發奴才們來回親家太太給姑娘送過點兒糙東西來算補着下個茶求親家太太給姑娘穿穿戴戴罷舅太太道狠好這些東西我都替我們姑娘領了你們也不用往下搬運等我們各自同來把上轎的穿的戴的拿下來別的不用動省得又費一遍事你們回去說姑娘磕頭我多多的給你們老爺太太道謝你說我樂了我不樂別的我没想到我這輩子也熬到作了親家太太了便有戴嬷嬷等一班人讓大家去喝茶舅太太自已備了賞倒像新親一般辦了個熱鬧張親家老爺合褚大姑爺已經叫人開了正門外而家人早將聘禮一桌桌的抬進來擺在

東邊褚一官也叫人把他家的幫箱的粧奩擺在西邊舅太太合褚大娘子諸人到院子裡看了回來便悄悄的拉姑娘道咱們從這窗戶眼兒裡瞧瞧別叫九公褚姑奶奶合你公婆白費了心姑娘此時自是害羞不肯去看無奈他本是個天生好事的人又搭着向來最聽娘的說借這一拉便挨在玻璃跟前往外看舅太太一一指點着道你看東邊兒這八擡是人家家的那頭擡是一匣如意一匣通書二擡便是你們那兩件定禮那六擡是首飾衣服鋪蓋他們算省了猪羊鵝酒了西邊的八擡便是九公合褚姑奶奶給你辦的粧奩你瞧把個小院子兒給擺滿了說

話問張姑娘合褚大娘子早把應穿應戴的衣裳首飾一一椿椿的拿進來舅太太打發送禮的男女家人去後便叫人鋪水挖單放梳頭匣兒催姑娘上妝原來姑娘自遭顛沛埋首風塵非不知着意脂粉接着守制一年更是無心修飾這番經舅太太在旁一一的調停指點勻粉調脂修容理鬢妝點齊整自已照照鏡子果覺淡白輕紅而且香甜滿頰舅太太道好看了可叫妹妹給你梳頭罷姑娘道我不叫他梳還是娘給我梳罷舅太太道今日的頭娘可上不得手了說着又嗳了一聲便向褚大娘子道我只恨我一個好好兒的人怎麼到了這些事上就得算個沒用

的了呢說着眼圈兒便有些紅紅兒的這位舅太太也就算得個老馬嘶風英心未退了那說這椿喜事原來安老爺不喜時尚又彆着一肚子的書辦了個叅議旗漢斟酌古今就拿姑娘上頭講便不是照國初舊風或編辮子或紮了髻也不是照前朝古制用那鳳冠霞披當下張姑娘便尊着公婆的指示給他梳了個蟠龍寶髻髻頂上帶上朵雲寶蓋髻尾後安上瓔珞蓮地髻面上蓋上鑲珠嵌寶過梁兒兩旁插上七星流蘇關上珍珠對挑後是同心如意前是富貴榮花耳上兩個硬紅寶石墜子一時姑娘便覺頭上多了好些累贅張姑娘曉得姑娘是個不會靜坐

一刻的恐他把首飾甩掉了先用個大紅頭罩兒給他蓋上攏好了姑娘對鏡一照忽然笑了一聲張金鳳在背後從鏡子裡看見說道姐姐這一笑我猜着了我猜准是想起在能仁寺從房上跳下來打扮的那個樣兒來了姑娘也從鏡裡合他說道你怎麼這麼討人嫌哪梳粧已罷舅太太便從外間箱子裡拿出一個紅包袱來遞姑娘把裡衣兒換上說着自已打開放在炕裡邊姑娘一看原來裡面小襖中衣汗衫兒汗巾兒以至抹胸膝褲裹腳帶一分都有連舅太太親自給他作的那雙鳳頭鞋也在裡頭姑娘道我怎麼日前換了衣裳又叫換衣裳啊舅太太道

碎呀你給我換上罷說着又給他放下玻璃帘兒來姑娘無法只得咕嘟着嘴背過臉去解扣鬆裙在炕背兒裡換上一面低頭繫着汗巾兒不覺嘴裡又叨叨出一句話來說我說呢好好兒的洗了沒兩天兒的腳前日又叫人洗腳作甚麼呢惹得大家抿嘴而笑舅太太笑道我們這個姑娘說他沒心眼兒甚麼事兒都留心說他有心眼兒一會價說話眞像個小傻子兒且住姑娘這半日這等亂糟糟的還是冒失無知呢還事遇事輕喜都不是天下作女孩兒的除了那班天日不懂麻木不仁的姑娘外是個女兒便有個女兒情態難道何玉鳳天生便是那等專講蹲

縱拳腳飛彈單刀殺人如蔴揮金如土的不成何況如今事幫身安心怡氣暢再加上人逢喜事精神爽怎教他不露些女兒嬌癡情態若果然當此之際一毫馬腳不露那人便是元奸巨惡還合他講甚麼性情來閒話少說再整張姑娘見他穿好裡衣便上去給他穿大衣服因換汗巾兒又看見那點守宫砂叫舅太太說舅母請過來看他胳膊上這塊眞紅的好看舅太太看了也點頭贊嘆不絕說快給人家穿上罷怪冷的張姑娘便打發他一件件的穿好因是上妝不穿皮衣外面罩件大紅繡並蒂百花的披風砂綠繡喜相逢百蝶的裙兒套上四合如意雲肩然後

纔帶上瓔珞項圈金鐲玉釧舅太太便叫人在下首給他鋪了個大紅坐褥坐下說這可不許動了却說姑娘梳洗的這咱當兒外面張老同褚一官早帶同這邊派定的家人把那十六抬妝奩送過去就只送妝的新親只得張褚二位人客少些那邊自然另有一番款待不必細述這邊纔收拾完畢早聽那邊噹一聲鑼響喇叭號筒鼓樂齊奏的響起房來不想鬧了個沒對兒的姑娘纔聽得一聲鑼響唬了個肉手冰凉只叫娘拉着褚大娘子道可完了我們的創咧舅太太是要過祠堂去等着公子來謝粧姑娘是苦苦的不放褚大娘子道我同張家妹子倆人跟着你

難逈還怕媽這舅太太纔得脫身過去看了看香燭一切早已預備停當那鼓聲也就漸聽漸近一是到了門前早見馬蹄兒聲音進了大門便有贊禮的儐相高聲朗誦念道伏以

滿路祥雲彩霧開　紫袍玉帶步金堦

這回好個風流婿　馬前喝道狀元來

攔門第一請請新貴人離鞍下馬升堂奠雁請開門開處先有兩個十字披紅的家人一個手裡捧着一彩罈酒一個手裡抱着一隻鵝用紅絨紮着腿捆得他嘎嘎的山叫那後面便是新郎蟒袍補服緩步安詳進來上了台堦親

自接過那掛酒安在供棹的左右廂退下去端恭肅敬的朝上行了兩跪六叩禮行着禮舅太太在旁道我替他二位說罷吉期過近也沒得叫姑娘好好兒的作點兒針線請親家老爺親家太太就待姑爺包含罷公子答應着站起來又向舅太太道我父親母親吩咐我叫給舅母行禮請舅母到廂房裡坐下受頭把個舅太太樂得笑逐顏開說道還給我磕頭呢狠好你就這裡給我磕罷我沒這些講究公子轉過身來便在舅太太跟前磕下頭去舅太太一面拉他口裡說道你又是我的外甥兒又是我的女婿我可不合你說客套姐姐只管比你大兩歲他可傲性些

兒你可得讓着人家你要欺負了我的孩子我可不依你
公子只得笑着答應了個不敢太太又道回去先替我
道喜罷偺們的老規矩兒今日可不留你喝茶公子退了
出來依然鼓樂前導回去這奠雁之禮諸位聽書的自然
明白不用說書的表白那何玉鳳姑娘卻是不曾經過瞧
了半日心裡納悶道怎麼纔來就走也不給人倒茶吃呢
再說弄隻鵝嘎啊嗐的又是個甚麼講究兒呢那裏曉得
這奠雁卻是個古禮怎麼叫作奠奠安也怎麼叫作雁鵝
的別名叫作家雁又叫作舒雁怎麼必定用這舒雁取其
家室安舒之意怎麼叫新郎自己拿來古來早晚見尊長

都有個贄見禮不是單拜老師纔用得着如今却把這頭雁的古制化雅爲俗差個家人送來叫作通信這就叫作鵝存禮廢了閑話少說公子走不多時只聽那邊二次響房舅太太道快了因叫張姑娘把鞋給姐姐換上姑娘說道雙好穿着又合式又舒服怎麽還換哪說着張姑娘拿過個小紅包兒來姑娘打開一看原來是雙綠布的上面釘着單股兒帶子的兩朵紅梅花兒姑娘自說不穿了舅太太千哄萬哄好容易給他穿上張姑娘便把那一雙包了個包兒交給戴嬤嬤帶在身上預備過去好換纔換得妥當早有人報太太過來了便聽得安太太車聲隆隆從

後門而來一時下車舅太太同張太太張姑娘都接出去舅太太笑道多遠兒呀親家太太還坐了車來了安太太道甚麼話呢這是個大禮麼回來我可就從角門兒溜回去了好把車讓給你們送親太太坐一路說笑進門姑娘見了婆婆要站起來太太連忙按住說不許動因問吃了點兒東西沒有張姑娘代答說吃了一個喜字兒饅頭兩塊栗粉糕吃了點兒餛飩喝了點兒棗兒粥倒替姑娘點了八成兒昧心食太太還說吃少了說着便坐在姑娘對面上首看他妝扮起來益發面如滿月皓齒修眉不禁越看越愛舅太太以新親禮相待照例烟而不茶彼此無非

談些天氣晴和諸事吉利的熱鬧話看看交了酉初二刻恰好轎子也將近到門安太太便給姑娘蓋上蓋頭起身回去這個當兒舅太太倒廻避了躲在外間排插後面借着擋不得姑娘在那裡落淚安太太走後只聽得鼓樂喧天花轎已到門首搭進院子來抽去老桿衆家人手擡進來安得面向東南只聽戴嬷嬷合隨緣兒媳婦一條一條的往屋裡要紅氈子地下兩三層的鋪得平穩褚大娘子便遞給姑娘一個小金如意兒一個小銀錠兒兩手攥着取左金右銀必定如意之兆張姑娘又把個平果送在他懷裡姑娘被蓋頭這一握握得一心的心火正用得着實

大大的咬了一口還要再吃却𠵊拿開了便聽得院子裡還是先前那個人咬文嚼字的念道伏以

天街夾道奏笙歌　兩地歡聲笑語和
吩咐雲端靈鵲鳥　今宵織女渡銀河

攔門第二請請新人纔步抬身扶綏上轎請褚大娘子張姑娘扶着姑娘上了轎安上扶手板兒放下轎簾兒扣上蔥管兒搭出轎去這個當兒便有許多僕婦伺候褚大娘子上車先往頭裡去這裡纔吽轎夫上轎桿打杵穩轎只聽前後招呼一聲請前面十三棒鑼開導彩鐙雙照鑼鼓齊鳴姑娘到底被人家抬了去了姑娘上了轎子只覺四

團攏蓋了個嚴密裡邊靜悄悄的黑暗暗的只聽得咕咚、咕咚的皷聲振耳覺得比那單人獨騎跨上驢兒深山曠野黑夜微行大是兩般風味只把不定心頭的小鹿兒騰騰的亂跳又好像是落下了許多事一般走了半日忽然想起說噯呀我怎的臨走時節也不曾見着娘我正有一句要緊要緊的話要問他老人家一時匆匆不曾問得此時料想没法回去這便如何是好自己合自己商量了半日忽然說道有了便是這等那知姑娘心裡打的却又是個斷斷行不去的主意這正是旣為蝴蝶甘同夢怎學鴛鴦又羨仙要知何玉鳳過門後又有些甚的情節下回書

交代

兒女英雄傳評話第二十七回終

兒女英雄傳評話第二十八回

畫堂花燭頃刻生春　寶硯雕弓完成大禮

這回接着上回話表送親太太褚大娘子扶着何玉鳳姑娘上了轎他便出來忙忙上車從莊園東墻一帶遶向前門而來到了那座大門只見門外結綵懸燈迎門設六曲圍屏垂幾重繡幙廝開孔雀幙展東風桌兒上擺列名花安排寶鼎當中擺着迎門盅兒說不盡那醁酒頻斟琥珀光搖金燦爛瓊巵高挹葡萄香泛碧琉璃褚大娘子纔下了車進得門來早見公子迎門跪着手擎台盞在那裡敬酒他滿臉堆歡雙手接過酒來說道大爺請起來我可禁

當不起啊公子道太姐姐這個稱呼法我越發不敢起來了他纔嘻嘻的笑道你瞧你這個淘氣法兒我磨不過你我只好叫你妹夫子了可得你起來我纔喝呢說罷連飲了三盃迎門喜酒又深深向公子道了一個萬福兩旁許多穿衣帶帽的家人看了只望着華忠笑笑得華忠倒有些不好意思他却坦然無事的扶了個婆兒一路進來早見安老爺迎過前廳相見那邊遠遠的還站着一羣華冠鮮服的少年在那裡低言悄語的指點說笑他料是講究他他益發慢條斯理得意洋洋俏擺春風談笑自若不一時穿過前廳到了二門安太太合幾家晚輩親戚本家鄰

迎出來那時舅太太合張親家太太在那邊送了姑娘也便從角門遶前面來大家把新親讓進上房歸坐獻茶彼此閑話等候花轎到門趕回來再講新人坐在花轎上但聽得大吹大擂絃管嘈雜悶在轎子裡因是娘吩咐的不許揭那蓋頭動也不敢動他一動走了也有一會正在盼到只聽得噶啦啦一片聲音兩掛千頭百子旺鞭放得振地價響鼓手便像是一對對站住想是到了門了接着便聽得許多人叫道開門裡面却靜悄悄的不聽得有人答應姑娘納悶道怎麼使心用計勞神費力的抬了來又關上門不准進去呢叫了一會那門仍然不開聽得又是先

前那個人高聲說道

吉地上起　旺地上行

喜地上來　福地上住

時辰到了開門門開門把喜轎請上來吱嘍嘍兩扇大門開放前面花燈鼓樂一隊隊進去轎子纔進門只聽那滿天星金錢噌楞嗆啷撒得來連聲不斷也不知過了幾道門轎夫前後招護了一聲落平好像不會進屋子便把轎子放下了姑娘聽了聽鼓樂齊住又聽不見個人聲兒了心裡又跳起來你道這轎子為何在當院子裡就放下了原[illegible]覺得時尚風氣不古這

先配祖後祖斷不是個正禮所以自己家裡這椿事要拜過天地祖先然後纔入洞房姑娘那裡曉得這個原故忽然靜悄悄半天只聽得一聲弓絃響哧的就是一箭從轎子左邊兒射過去接着便是第二箭又從轎子右邊兒射過去說時遲那時快又是第三箭却正正的射在轎框上豎的一聲把枝箭碰回去了姑娘暗想這可不是件事怎麼拿着活人好好兒的當鵠子辦起來了大約再一箭姑娘便要施展他那接標的手段早聽得轎旁念道伏以

彩輿安穩護流蘇　雲淡風和月上初

寶燭雙輝前引道　一枝花影倩人扶

擱門第三請請新人降輿舉步步步登雲請一時兩旁鼓樂齊奏便聽得有許多婦女聲音圍近轎前拔了葱管兒掀開轎簾兒去了扶手板兒卻是褚大娘子張姑娘帶着一雙喜娘兒請新人下轎姑娘左右扶定了兩個喜娘兒下了轎只覺腳底下踹得軟囊囊的想是鋪的紅氈子又聽那人贊道請新貴新人面向吉方齊眉就位恭拜天地拈香跪叩首再叩首三叩首興姑娘起初也不留心他叨叨的是些甚麼及至贊到那個跪字只覺自已上首有個人咈哧咈哧的已經跪下了自已不由得也就隨着他跪下贊道叩首也就隨着他叩首原來姑娘平日也看那鄉

[illegible][illegible]男此時心裡忽然想起說道怪不得蒲柳泉作青梅傳說那個王阿喜道是他遂不覺盈盈而亦拜也這句文章眞算得留人的身分知人的甘苦敢是這樁事擠作了竟自叫人沒法兒一時拜罷平身又聽那人贊道上堂遥拜祖先那張褚兩個引着舅娘兒便扶定新人上了三層台堦兒過了一道門檻兒走了幾步又聽旁邊仍照前一樣的贊唱兩跪六叩起來又聽得贊道請翁姑上堂高升上坐兒媳拜見緊接着又贊了一句道揭去紅巾便聽安太太那裡囑附公子道阿哥你可慢慢兒的姑娘在蓋頭裡低着頭看着地下只見眼前來了一雙靴子腳又見張

姑娘一手拈起個蓋頭角兒一手把着新郎的手用一根紅紙裹的新秤桿兒把那塊蓋頭往上只一挑挑下來姑娘好眼亮啊那時正是十月天氣夜長晝短酉末戌初正是上燈時候姑娘微抬了抬眼皮兒一看只見滿屋裡香氣氤氳燈光璀璨那屋子却不是照擺玉器攤子洋貨舖似的那樣擺法只有些名書古畫周鼎商彜一一的位置不俗幾家女眷都在東間兩旁也排着幾名花枝招展的丫鬟也站着幾個服飾鮮明的僕婦早見公公婆婆在中堂安了兩張羅漢椅子端端正正坐在那裡旁邊那站着一個方巾襴衫十字披紅金花插帽滿臉酸文一嘴尖團

字兒的一個人原來那人是宛平縣學從南省冐游落第的一個秀才只因北京城地廣人稠館地難找便學了這椿儐相禮生的生意糊口方纔前前後後裡裡外外瞧了這半天的就是他姑娘纔得去了蓋頭又囑他贊道新郎新婦叩見父母翁姑那時因是老爺太太坐在那裡受禮便有陪客女眷把褚大娘子讓到東間坐下這裡地下鋪了拜毯安龍媒居中何玉鳳在左隨着張金鳳在右陪着三個人聽着那禮生的贊唱跪拜儀節行禮安老爺安太太左顧右盼真個是好個佳兒好雙佳婦老夫妻只樂得眉飛色舞笑逐顏開的連連點頭只說起來起起三個人

平身站起褪生又贊道跪三個人又齊齊跪下聽他贊道請堂上致詞賜答只聽安老爺說道你三個人這段姻緣眞是天作之合玉格從此更該奮志讀書上進兩個媳婦便要同心理紀持家一家和睦吉事有祥緣不負上天這段慈恩我兩老人這番期望安太太道你父親你公公這話說的狠是從來說功名出於閨閣只要你們兩個一心勸着他讀書上進只怕比個嚴些的師傅還中用呢等他中了舉人中了進士拉了翰林你兩個再一個人給我們抱上兩個孫孫那時候不但你各人對得住你各人的父母你兩口兒也就都算安家的萬代功臣了因向顏合安

老爺說道老爺還有一說今日這何姑娘佔了個上首一則是他第一天進門二則也是張姑娘的意思我想此後叫他們不分彼此都是一樣老爺想是不是安老爺道正該如此當日娥皇女英又何曾聽得他分過個彼此講到家庭自然以玉鳳媳婦為長講到封贈自然以金鳳媳婦為先至於他房幃以內在他夫妻姊妹三個神而明之存乎其人我兩個老人家可以不復過問矣這位老先生與酸了個有樣兒不知怎的聽他這路的話兒不覺討厭閒話休提說書要緊卻說安老爺安太太說完了話禮生又贊道叩首謝過父母翁姑與三個人起來又聽他贊道夫

妻相見褚大娘子早過來同喜娘兒招護了何姑娘張姑娘便同那個喜娘兒招護了公子男東女西對面站着兩個人彼此都不由得要對對光兒只是圍着一屋子的人只得到一齊低下頭去禮生贊道新人萬福新貴答揖成雙揖成雙萬福跪夫妻交拜成雙拜兩個人如儀的行了禮又贊道姊妹相見雙雙萬福褚大娘子見張姑娘没人兒招護忙着過來悄悄合張姑娘道我來給你當個喜娘兒罷張姑娘倒臊了個小臉通紅便轉到下首向何玉鳳深深道了個萬福尊聲姐姐何玉鳳也頂禮相還低低的尊聲妹妹禮生又贊道夫妻姊妹連環同見他姊妹兩個

交同向公子福了一福公子也徹躬還禮安老夫妻看了只歡喜得連說有趣相顧而樂禮生贊道新人新貴行綰結同心禮早見華嬤嬤戴嬤嬤兩個手裡捧着丈許長兩疋結在一處的紅綠彩綢兩頭兒各綰着個同心彩結遞給兩個喜娘兒東邊這人便把這頭兒綰在安公子左手西邊那人便把那頭兒綰在何小姐右手褚大娘子便從桌上抱過一個用紅絹五色線紮着口的滲金寶瓶交何小姐左手抱着張姑娘又送過一個拴彩綢的青銅圓鏡子來交公子右手向新娘照着交代停當只聽那禮生念道伏以

一堂喜氣溢門闌　美玉精金信有緣
三十三天天上客　龍飛鳳舞到人間

聯成並蒂良緣定是百年佳耦緜緜瓜瓞代代簪纓紅絲彩帛掌燈送入洞房禮成禮生告退安老爺一面犒賞禮生早見簷下對對紅燈引路張姑娘帶着個喜娘兒扶了新郎擎着那面鏡子手綰彩帛引着新娘新娘抱着那個寶瓶一步步的隨行庭前止了大樂那些樂工止吹着笙管笛簫彈着三絃敲着鼓板口裡高唱畫筵開處風光好的一套喜詞兒直送到遊廊東院那所新洞房去姑娘一進洞房早看見擺滿一份粧奩凡是應有的公婆都給辦

得齊齊整整進了東間但覺燭輝寶炬香爇沉檀翡翠衾温鴛鴦帳暖妝台邊倚着那桿稱心如意的新秤挑着龍鳳蓋頭兩旁便是那和合雕弓團圝寶硯這個當兒安太太因舅太太不便進新房張太太又屬相不對忌他便留在上房張羅自己也趕過新房來幫着褚大娘子合張姑娘料理進門便放下金盞銀台行交盃合巹禮接着扣銅盆吃子孫餑餑放捧盒挑長壽麪吃完了便搭衣襟倒寶瓶對坐成雙金錢撒帳但覺洞房中歡聲滿耳喜氣揚眉莫講把何玉鳳支使得眼花撩亂連張金鳳在淮安過門時正値那有事之秋也不似者番熱鬧褚大娘子本是淘

氣的人遇見這等有興的事益發一團精神有說有笑一時大禮告成他便合安公子道你的差使算當完了請罷外邊吃茶公子笑着纔出得屋門只見從外進來了一群人都是今日在此賀喜的梅公子管子金何麦舟烏大爺因是奉旨到通州一帶查南糧去了不得來打發他兄弟托明阿托二爺來此外便是莫友士先生的少君吳侍郎的令姪還有安公子兩三個同案秀才連老少二位程師爺張樂世褚一官除了鄧九公安老爺不曾進來一共倒有十幾個人都進來鬧房內中梅公子本是個美少年佳公子又最是年輕淘氣他眼明手快早劈胸一把把安公

子提住說龍媒那裡跑我只問你有多大福有了金玉
嫂夫人這等一位尤物也就儘你消受了一之爲甚可
再乎如今又按圖求驥兩美並收你只顧躲在溫柔鄉裡
外面酒也不給我們斟一盃茶也不替我們遞一盞兒上
可識得去沒有別的且把帽子摘下來讓我打你幾個嘴
鑿子再講究總不得你那新人怎的個憐卿愛卿了公子
羞的兩頰緋紅只想要躲那幾個少年也閙上來內中爲
大爺的令弟說道你們只看龍媒今日做了新郎道而道
相兒一副臉兒益發顯得風流俊俏這大約就叫作龍鳳
呈祥了哲子又說那裡是龍鳳呈祥我猜不是那女何郎

給他擦的粉定是那雌蝶散給他畫了眉你們不信只聞他這身香味兒也不知是甚的花香是沾的人氣將公子聽了便上前按着他的臉聞個不住公子被他大家你一句我一句這個一拳那個一拳的鬧得真真無地紅兒可鑽金鳳姑娘在屋裡聽得真切只在那裡含羞而笑不言姑娘都是不曾經過這鬧房的舊風氣心裡想道這夥人怎的這等尖酸可惡又不好聞得落後還是老程師爺聽不過了說諸位兄台不差儻然罷能嫁大禮告成也讓他出去見見老翁衆人那裡肯依張老是向這位一個揖向那位一個揖只是討情還虧褚一官力大把個公子搶奪

硬搶的救護下來出了房門一溜烟跑了衆人道新郎門了我們正好看新娘子去那時安太太合張姑娘早躲在西間衆人向洞房裡一擁二進屋裡只有褚大娘子在牀上伴着新人坐下便是兩個嬷嬷兩個喜娘兒在那裡伺候兩個喜娘兒是久慣在行的見衆人進來便一齊向前攔住道各位老爺少爺新人辛苦了免鬧房罷衆人也不聽他一窩蜂向牀跟前奔去内中一個喜娘兒是個揚州人纔得二十來歲倒也一點點一雙小腳兒他只顧上頭扎撒着兩隻手攔衆人不放下面不知被那個一靴子腳踹在他小腳兒上只見他綳着眉裂着嘴抱着腳嚷道哎

喲喂痛煞哉我的菩薩您的道等發僑褚大娘子見衆人圍在牀前忙的橫着兩隻胳膊護住姑娘他一眼看見了褚一官便拿他紮了個筏子說道你也來了好哇你們要看新人只顧看也是兩條眉毛兩個眼睛兩隻耳朵一個鼻子一張嘴瞧手不能我告訴你們也是十個指頭可不能一般兒齊瞧脚更不能我也告訴你們拿營造尺量不夠三寸你衆位一定要看也容易可得給着俟個三六兩脚的再去我這一撒手兒姑娘可就來了衆人一聽說那可來不得大家纔嘻嘻哈哈一鬨而散跑出去了安太太這裏實在沒有閒空兒跟人去款待他酒飯一面叫人要

了點心湯來讓新人吃又有舅太太給他弄下可吃的東西一併送進去安太太便讓了褚大娘子過去赴席新房只留下兩個嬤嬤同晉升媳婦因隨緣兒媳婦是三個月的雙身子又叫了跟舅太太的婆兒老盛媽兩個人伺候新房裡頭這陣忙鄧九公合安老爺在外面也一[illegible][illegible]半紹興酒過了手了老程師爺是喝得當面還席合衣而卧一班少年另有兩席還不曾散只有張親家老爺只管在席上坐着却一會兒這裡看看火燭又去那裡看看門戶但有家人們沒空兒吃飯的他便在那裡替他們照料因此那些家人無不感激他益加敬愛他不敢一毫輕慢一

時內外飯罷更鼓初交那些親友也有預先在附近廟裡我下下處住的也有在此下塌的鄧九公是吃完了飯行他那套步行的工課遶着灣兒走了會子便到東邊廂房了安老爺就托張親家老爺招護公子進去張老把他送到上房這日舅太太合張太太商量也都在新房的對面三間作下爲是多個人照料安太太見公子進來叫張金鳳先去招護姑娘却說姑娘因是拜過堂的安太太便不教他一定在牀裡坐也指着姑娘不會盤腿兒牀裡邊兒坐不慣only在牀沿上坐着大家去吃飯的那個當兒屋裡[illegible]多談且不更多談聽得炕

娘已經過來了他聽了十分歡喜便叫戴嬤嬤請姑娘快把娘請來說我想他老人家了戴嬤嬤道姑娘今日身太太可進不來呀明日早起就見着了姑娘一聽心裡想道是呀有這一說呀只是我此刻急等見了娘要商量一句要緊的話這句話又不好叫人去傳說如今娘既不好進來我又不好出去事在無法我只得還是在宮方纔將計想的那個老主意罷你道這姑娘有甚的飛簷火器緊要話從轎子裡鬧到此時他在轎子裡想的又是甚的主意原來他正爲他臂上那點守宮砂起見論起這點守宮砂原是姑娘的一片孝心苦節玉潔冰清想着在世

其無意姻緣定了這話除了他自已明白平日從不曾給人看過直到今早冷不防大家迅雷不及掩耳的一提親事姑娘急了纔向大家證明這點東西以明素志不想事由天定人力到底不能勝天不知不覺不禁不由就被人家拾了來了此時事過一想倒十分後悔自已當道今早手不合萬不合不合教大家看這點印記假如我不說明這話大家斷不得知如今是揚旛擂鼓弄到大家都知道了都看見了儻然這些女眷們不論那一時那個人提起來都拉住手要瞧瞧希希罕兒那時我却把個有詩爲証滿目東西都付流水落花春去也天上人間了別人猶可只

這小金鍼兒雖說我只比他大兩歲我可合他夯了這一年的老姐姐了叫我怎的見他再說稱大姐姐又是個淘氣精促狹鬼他倘一撒開了一幅我我一輩子從不肯擔過嘴的人又叫我合他說甚麽這是姑娘飛來寨的心直甫到坐上轎子纔想起來要合姑娘要個主意也是來不及了因此在轎子裡自已打了個牢不可破的主意及至此時好容易姑娘來了心中有些活動所以急於要見姑娘又見不着面兒便覺道一想紅二想黑越發把那個老主意拿鐵了要問他那個老主意更是可憐依然是合他們磨宅子打着磨到那裡是那裡明日再講明日的話行得

去行不去姑娘卻沒管只是這位姑娘怎的又會這麼知
古今兒也似的呢他又怎的懂得那守宮砂的原由呢難
道他還有那讀史書的學問不成這話不必這等鑿四方
眼兒他縱不曾讀過史書難道連天雨花上的左儀貞他
也不知道不成話休絮煩卻說姑娘正在心裡盤算恰好
張金鳳從上房過來說半日在那邊張羅打發飯沒陪姐
姐姐姐還吃點兒甚麼不吃姑娘此時肚子裡不着甚麼
是分兒了便說不吃了張姑娘又告訴他今日公婆怎的
歡喜大家怎的高興鄧九大爺喝了多少酒和大姐姐也
喝的臉紅紅的了姑娘倒也合他歡天喜地的閒談了談

的熱鬧人回太太過來了只見太太扶着公子進來玉鳳姑娘也恭恭敬敬合婆婆說了幾句話又遞了一盌茶裝了一袋烟太太坐了片刻便合三人說道你們今日都乏了整一天了大家都早些安歇罷張金鳳答應一聲太太便站起來說我過南屋裡找你舅母合親家太太你這口兒都不許出來了又合張姑娘說你招呼着姐姐罷也不用過去我回來也就安歇了說着到南屋去了一時便過上房去不提這裡張姑娘便讓公子在梳妝台一張桌兒上首坐了他姊妹兩個對面相陪一對新人是不吃煙的伺候的人送上三盌茶又給張姑娘裝了袋煙來公子此

時是春來天上喜上眉稍樂不可支倒覺滿臉通身有些不大合折兒無奈是宜室宜家的第一齣戲自然得說幾句門面話兒便合何玉鳳道再不想我合姐姐悅來店一面之緣會成了你我三人的百年美眷這都是天地的厚德父母的慈悲岳父岳母的默佑也虧你妹子從中週旋從此你我三個人須要倡隨和睦同心合力侍奉雙親上答報天恩也好慰岳父母於地下公子這幾句開門見山的覺來的冠冕堂皇姑娘沒有不應酬兩句的不想姑娘只整着個臉兒一聲兒不言語張金鳳道姐姐合人家說話[illegible]公子一[illegible]

得又說道便是你兩個當日無心相遇也想不到今日能合珠聯作了同牀姐妹豈不是造化無心姻緣有定麽[illegible]娘道姐姐人家又說了這些句了閒談哪怎麽發呆起來了呢姑娘仍是揪着他笑笑不合公子容話張金鳳且在了新郎只得說道姐姐今日想是乏了大家早些安歇罷說着便叫兩個嬤嬤燭燃雙輝香添百合又叫花鈴兒柳條兒兩個侍兒在西間屋裡伺候大爺換衣裳公子但身過去那柳條兒是服侍慣了的花鈴兒今日是初次服侍大爺未免有些羞羞慚慚不甚得勁兒這裡那張姑娘便讓新人方便自己服侍他卸了妝便吃着袋烟同他坐在牀

沿上合他談心談了幾句悄悄的在他耳邊又不知說些甚麽那玉鳳姑娘一一的點頭答應及至聽到這番悄悄兒的話立刻把臉一整便懷起來道噯那你可是白說了張姑娘聽了兩隻小眼睛兒一楞心裡說這是甚麽話搿到這會子了怎麽說白說了呢正待合他再講公子早從那屋裡換完衣裳穿着件一裹圓兒戴着頂小帽子靸着雙鞋過來張姑娘只得把話掩住一時兩個嬤嬤進和合湯備盥漱水張姑娘便催新郎給新人摘了同心如意富貴榮華都插在東南墻角上因又囑咐說道姐姐方纔聽見嫂嫂吩咐了叫早些睡呢我也睡去了明早過來給姐

姐道方說着纔待起步姑娘一把拉住他道你不准走
金鳳生怕惹出他的累贅來一面甩脫了袖子就走一面
回頭笑向新娘道屈尊成禮笑向新郎道勉力報恩又拱
了拱手向他二人同道暫且失陪明日再會說着便笑嘻
嘻的把門帶上去了張金鳳這一走姑娘纔離開那張
牀索性過炕桌子那邊坐下了公子道姐姐二更了我們
睡罷說了兩遍照例的不理公子只得用大題目來正言
相勸說道姐姐你只管不肯睡却不想二位老人家爲你
我兩個費了一年的精神又整整勞乏了這幾日豈有此
時還勞老人家懸念之理說了半日姑娘却也不着腳也

不嫌煩只是給你個老不開口公子被他磨得乾博只得自已勸自已說這自然也是新娘子的嬌羞故態我不攙他過來他怎好自已走上牀去一面想着便走到姑娘跟前攙住姑娘的手腕子嘴裡纔說得個姐姐請睡不要作難一句没說完姑娘只把腕子輕輕兒的往懷裡一帶公子早立腳不穩一個撲虎兒往前一撲險些就要碰在那劍盆架上咧只見姑娘抬起一隻小腳兒來把那腳面一綳平伸腿往上一挑早把個新郎榦作了不曾跌下去新郎盤槓子似的盤了半日纔站起來笑道怎麽又拿出你家的本事來了姑娘到底不作一聲兒索興躲到挨門兒

一張杌子上衆門坐着這邊兩個新人在新房裡作麽想去如蛱蝶於花欲即欲離似蜻蜓點水只着了張金鳳自聽了姑娘那可是自說了的一句話捏着兩把汗只想把一番好事變作一片戰場打將起來坐在西屋裡只焦心不下待要秋下走過去聽聽又恐這所个、輕佻猜不知其中的底裡深情轉覺外觀不雅沒奈何帶了兩個嬤嬤悄地裡站在窗前聽了半日不聞聲息忽然聽得新郎強的一聲笑將起來你道他因甚的笑將起來原來他因被這位新娘磨得沒法兒了心想這要不作一篇偏鋒文章大約斷入不了這位大宗師的眼便站在當地向姑娘說道你只把身子賴在這兩扇門上大約今日是不放心這兩扇門果然如此我倒給你出個主意你索興開開門出去不想這句話纔把新姑娘的話逼出來了他把頭一抬眉一挑眼一睜說阿你叫我出了這門到那裡去公子道你出了這屋門便出房門出了房門便出院門出了院門便出大門姑娘益發着惱說道了呱待轟我出大門去我是公婆娶來的我妹子請來的只怕你轟我不動公子道非轟也你出了大門便向正東靑龍方那東南巽地那裡有我家一個大大的場院場院裡有高高的一座土台兒土台兒上有深深的一眼井姑娘不覺大怒說道呸安龍媒

我平日何等待你斷了你那些兒今日縱得進門長了[illegible]
家那樁事你叫我去跳井公子道少安無躁往下再聽那
井口邊也埋着一個碌碡那碌碡上也有個關眼兒你這
用你那兩個小指頭兒扣住那關眼兒把他提了來頂上
這廟門管保你就可以放心睡覺了姑娘聽了這話追
想前情回思往景眉頭兒一逗腮頰兒一紅不覺變嗔爲
喜嫣然一笑只就這一笑裏二人便同入羅幃成就了百
年大禮張金鳳聽到這裏先默默的念了一聲我那南無
大慈大悲救苦救難廣大靈感的碌碡哇可算了我的了
列公你看這位姑娘的磨勁大不大但是那安老夫妻雖

然被他磨了一場到底酬了素志還得了個佳婦妾龍媒張金鳳雖然被他磨了一場到底一慰親心而得躋妻一被賢名而得膩友便是那鄧家父女以至佟舅太太或破貲財成義舉或勞心力盡親情也到底算交下了一個人作完了一樁事只可憐那作兒女英雄傳的燕北閒人這事與他何干卻累他一丸墨是磨滅了一枝筆是磨禿了一片心血是磨枯了眼光是磨散了從這書的第四回末路窮途幸逢俠女起被他沒日沒夜的磨磨到第二十八回總磨得寶硯雕弓完成大禮咳百歲光陰有限一生事業無窮那燕北閒人果然生來的閒身閒心現成的閒茶閒飯

閑得沒事作教他弄這閑筆墨消遣這閑歲月倒也罷了想來他也該作得些些事業發個小小聲名也須女婚男嫁也須穿衣吃飯都都不許他作偏偏的要他作個閑人這人之爲閑人昔矣儻然不爲這等一應都叫他怎的夜來到明早磨到晚閑記休提言歸正傳都[illegible][illegible][illegible][illegible][illegible]得一對新人雙雙就寢纔覺出兩隻小腳兒站了個生疼連忙扶了個人趕上房去見公婆那時褚大娘子合幾家親族女眷都已分投安歇只有那爲見孫作馬牛的一雙老人家還在那裡閑談靜候張姑娘把話悄悄的回了婆婆他兩老纔得放心張姑娘也就回房還招護了母親自然

後就寢一宵晚景提過次日便是筵席纔交五鼓裝姑娘便起來梳洗妝飾也打扮得花枝招展綉帶飄飄一切完畢正要過去請新郎起來早見公子笑吟吟過這屋裡來張姑娘連忙起來道喜公子道與卿同之又道閒話休提你且給我梳了辮子好讓我急急的洗臉穿衣去襄岳父母請二位老人家歡喜放心張姑娘道正該如此只是我得張羅姐姐去了你叫嬤嬤給你梳罷公子道無論誰梳都使得我見過父母還要照料照料外面的事難道我好照娶你的時候只作新姑爺諸事驚動老人家不成說[illegible]新房去請新娘起來纔一揭帳

子看見新娘早已端端正正坐在那裡張姑娘先欵稚頭福說道姐姐可大喜了只見玉鳳姑娘一把拉住他道好妹妹你今日可斷不許慪我了回來你還得囑咐囑咐褚大姐姐你們鬧的這可真不是件事所要慪我我可就急了張金鳳道不是慪姐姐這呌個牀第之間不失夫妻姑妹之禮便是褚大姐姐見了也要道喜的他如何肯慪你說着讓他下了牀伺候的人疊起被褥姑娘正在梳洗人回褚大姑奶奶吃梳頭酒來了舅太太那時早已起來急於要進房看乾女兒因等個齊全人蹦過門自已纔好進去見褚大娘子來了便也同張太太隨後進來姑娘此時

兒了娘倒也沒甚麼可商量的了只見滿耳朵裡一片叫姑奶奶的聲音也聽不出誰是誰來一時看着這些人誰是這等親熱相關想起自已父母不在跟前不覺性動於中情發於外一陣傷心落淚再轉一念若果然父母都在今日看了我嫁了這等人家奉着這樣公婆隨着這樣夫婿又多着這樣一個有情有義合意同心的畢家妹子不知何等歡喜不由越想越痛抽抽噎噎起來舅太太忙攔道姑奶奶今日可哭不得回來哭得眼睛桃兒似的人家笑話姑娘聽得人家要笑話了纔止悲不語大家應酬了幾句吉祥話舅太太道我兒見着奶奶了放心了我可走

了你道他又往那裡去原來這樁喜事安太太算來算去
只請得出褚大姑奶奶佟舅太太張親家太太這麼三位
新親來女家倒佔了三位男家止剩了安太太一位怎麼
算怎麼兩下裡都是單兒然則安老爺這樣一個行家還
請不出十位八位新親不成只因其中有一層原故第一
爲這樁事安老爺恐姑娘的性兒拿不定不知這日究竟
辦得成辦不成並不曾通知親友連日在此住下的便是
自己的內姪媳并本家晚輩都合舅太太不好同席第二
爲這位張太太論起近本就該請他作男家新親纔是正
理并且還慮到他作了女家新親真要鬧到送親演禮打

趕牙把骨來可就不成事了何況他還是嗷白吃呢第三廚從來著書的道理那怕稗官說部借題目作文章偏燦然可觀與人數湊熱鬧便索然無味所以燕北閑人這部兒女英雄傳自始至終止這一個題目止這幾個人物便是安老爺安太太再請上幾個旁不相干的人來湊熱鬧那燕北閑人作起書來也一定照孔夫子刪詩書修春秋的例給他刪除了去此張親家太太見着姑奶奶所以就走的原委也按下不表卻說褚大娘子把姑娘的肩梢髮角略給他絞了幾線修整了修整妝飾起來大家看了頭個是春意透酥胸春色横眉黛昨日今朝大不相同別太

太看他吃了東西便上上下下花團錦簇圍隨了出來出
門邁鞍子過火盆迎喜神避太歲便出了那座遊廊二門
俗語講的在不錯是親的割不掉是假的安不牢姑娘此
時便一心惦記公婆想去請安不想出得那座門前面出
個引路的僕婦便引了順着遊廊一直往後去走了一會
進了一個小院門纔進院門便聞得有一陣烟火油醬氣
姑娘心想怎麼纔出門兒就把我引到這麼個地方兒來
了一進房門只見一個連二竈上燒着大旺的火上面坐
着個翻開的鐵鍋地下站着幾個衣飾齊整的僕婦又有
個四十歲滿臉點麻的胖老婆子也穿件新藍布衫兒戴

朵紅白榴花兒鼓着倆大奶膀子腆着個大肚子又有八字那兒笑呵呵的跪下說請大奶奶安哪姑娘這纔明白原來是公婆的內廚房只見伺候的僕婦在竈前點燭上香地下舖好了紅氈子便請拜竈君二位新人行禮起來那個胖女人就拿過一把柴火來說請奶奶添火又省過半瓢淨水來說請奶奶添湯隨有眾僕婦給他拉着衣服摟着袖子一一的添好了姑娘暗想往後要把這作事全靠了我我可了不了哇那知這是安水心先生的意思他道古者婦人主中饋者也除了財米油鹽醬醋茶之外還須本可惜織紉並紡都是第一等事所以定要把這三門

入廚下洗手作羹湯的兩句文辭作成了這裡添過來(八)
張姑娘便請姑娘出來跟着前引那兩個僕婦也不知怎
的轉彎抹角走了會子又出了一所正北的門見姑娘
一看對面便是昨日在那裡上轎的那個所在想道原來
我不們見公婆倒又先引到我此地來呢只見前面那兩
個僕婦不進這座門却引了往東走進了那座大祠堂門
原來昨日是擇拜祖先還不曾行廟見禮一進門早見安
老爺安太太在院子裡齋恭將畢的伺候教見媳兩個在
院子墊空先拜過宗祠然後老夫妻兩領了他們進祠堂
叩見老太爺老太太的神主算自己帶見之意行過了禮

姑娘上前問了公婆的起居安老爺道論今日却不是你回門的日期既到了這裡自然該同你女婿過那邊到親家老爺親家太太神主前磕個頭去纔是姑娘答應一聲隨了大家過去安老夫妻便先回家姑娘到父母神主前同公子磕過頭自然不免傷感只得以禮制情便忙忙的回來纔到上房便有兩個女人擡着兩副新紅擡盒在廊下伺候姑娘進門見過翁姑那兩個人便端進盒子來張姑娘幫他打開姑娘一看只見一個盒子裡面放着兩個碟子一碟火腿一碟黃悶肉一碟糕子一碟棗兒一碟栗[illegible]的兩碗熱湯兒麵姑娘

緒問道大清早起這可怎麼吃得到一塊兒呢原來這又是安水心先生的制度就把這點兒吃食作了姑娘的開箱禮且住這話益發奇了便是姑娘娘家無人不得給公婆預備開箱的東西也把那九公帮箱的金銀綢緞用些也充得數了這位水心先生那意不在此他講得是禮記上古者婦人之贄惟榛脯脩棗栗脯鮮肉也脩乾肉也所以命公子給媳婦裝了三碟乾菓子又配上這兩碟肉腥就算了玉鳳姑娘見公婆的贄見以為必該如此而行纔合古禮這同前回叫公子把新做鵝去謝妝是一副板册下來的那兩碗熱湯兒麵便是玉鳳姑娘方纔擠的那一

爐子火那一鍋水煮的但是熱湯兒麪又怎麽會得燙湯呢要作碗三鮮湯十錦羹吃着豈不比麪強口入臟些佩講得的是羹湯者有湯餅之遺意存焉古無麪字凡是麪食一槩都叫作餅今之熱湯兒麪即古之湯餅也所以如今小兒洗三下麪古謂之湯餅會今日這兩碗麪保不定還有個我家的媳婦兒會趕麪趕到鍋裡團圓轉的秘典在裡頭呢這是安老爺一番考據工夫却說姑娘兒公婆家的規矩如此便先放了筷子把那兩號三套的五碟吃食献上去擺成一個梅花式然後捧着麪先進公公後進婆婆安老爺吩咐接分得兩碗便向太太道太太我們倒要享用

他這點微意安太太只不過挑了兩三助麪夾了一片火
腿安老爺却就着那五樣佳肴把一碗麪忒兒嘍忒兒嘍
吃了個乾淨還滿臉堆歡向玉鳳姑娘說了一句道生
受你舅太太在旁看了半日說姑老爺你可折死我了也
沒說你們二位爲這個媳婦兒費了多少心多少事情[illegible]
話許也不叫他還張兒栗子的圖起個姑娘拜姐姐來的
我這裡給我們姑娘備了點兒東西說着小時人搭過[illegible]
個小放盤兒來一個裡頭是一頂帽頭兒一匣家作活計
一雙男靴一雙緞腳兒鞋兩雙襪子一個裡頭放着兩個
小匣子一匣是一枝仿着翠手摘藍的金簪子那下[illegible][illegible]

拈的是一個小小金九連環一匣是一雙汗浸子玉[illegible]鐲
其餘也是一匣家作活計一雙女靴一雙鞋兩雙襪子儘
叫姑娘分遞了公婆安太太兒舅母這等周全精細十分
歡喜說這可是個會疼女孩兒的舅太太也笑道妹妹手
兒拙也不曾作個好活計親家太太慢慢兒的調理他罷
說的大合姑太太的意安老爺那是礙於親情不得不收
心裡還一爲事不師古終非經道這個當兒安太太便叫
那枝九連環從匣兒上抽下來就戴在頭上[illegible]叫了聲
長姐兒呢只見走過一個丫鬟來長得細條條兒的一個
高挑兒身子生得黑黲黲兒的一個圓臉盤兒兩個[illegible]眼

虎兒應得入道太太吩咐他說你把我那個匣兒拿來那丫鬟應了一聲去不多時拿了一個錦匣子來打開裡頭却是一枝雕釵一雙金鐲子太太嘴裡正吃着烟便照着頭兒叫姑娘姑娘走到跟前太太把烟袋遞給那丫鬟接姑娘便過來用簪子挑開那匣扇兒上的綳線兒只聽太太說道我這枝簪子是一對兒你妹妹頭那天給了他一枝也有這樣一對鐲子我照樣又打了一對如今給你因說你低下頭我給你戴上姑娘便彎着腰低下頭去[illegible]婆婆給戴好了太太又給他換上那雙鐲子便拉着他細瞧了瞧手搭訕着又看了看他胳膊上那點守宮砂可[illegible]

作怪連些影子也没了太太十分歡喜望着兩個媳婦兒看看這個看看那個說道嘖嘖嘖眞是一對兒好孩子姑娘謝過婆婆安老爺兒太太賞了媳婦拜禮便滿面正氣拈着小鬍子兒叫道來把我給大奶奶那分東西拿來只聽伺候的人大家答應了一聲抬過一個大方盤來上面蓋着塊大紅搭單老爺便說道媳婦過來以你這樣好爲婦我豈不知賞你幾件奇珍寶玩但今日是你爲婦之始用這些俗物非禮也我這裡另有幾件東西你看看張姑娘便撤去那個紅搭單姑娘一看只見方盤裡擺的是一條細布手巾一條粗布手巾一把大雞子一把小雞子一

另火石火鐮片兒一把子取燈兒一塊磨刀石又有一個小紅布口袋裡頭不知裝着甚麽張奶奶從口袋裡拿出來那是一個針扎兒裝着針一個線板兒繞着線頭一有心裡說這可糊塗死我了正在納悶又不好問安老爺便說道大約你不解這幾件東西的用意那禮記上內則有云婦事舅姑如事父母雞初鳴咸盥漱櫛縰笄總衣紳左佩紛帨刀礪小觿金燧右佩箴管線纊施縏袠大觿木燧衿纓綦屨以適父母舅姑之所這方粗布便叫作帨為了用洗傢伙的這塊堂布叫作紛乾着用擦傢伙的這大小兩把錐子叫作大觿小觿是開個餅口兒匣蓋兒用的

那磨刀石便叫作力礪何候公婆吃飯磨刀片肉用的那火鏈片兒代金燧用取燈兒代木燧用爲生火用的這兩件東西還是從權論理那金燧一定要用火鏡兒向日光取火木燧一定要用鑽向樹上取火所以古人春取榆柳夏取棗杏夏季取桑柘秋取柞楢冬取槐檀如今我這裏園樹木也不全再說還着個陰天那火鏡兒也着實不便所以我找給你備了這火鏈取燈兒兩樣東西那口袋叫作縏袠裡面裝針的便是箴管繞線的便是線纊爲是給公婆縫縫聯聯用的一共九件東西這事作媳婦的非奉[illegible]之物想你父母在日斷斷給你備不到此我所

以丞遵古制備這一分賞你按着古禮媳婦每日請兒翁姑這些東西還該隨身佩帶的祇是如今人心不古你若帶在身上大家必講以爲怪只好通權達變片作未下時用罷然而此等大禮却不可不知姑娘只得一一答應即謝當下滿屋裡的人只有太太支應着回答其餘無婦女穿上上下下大大小小無一不掩口而笑老爺依然一[illegible]正經面孔再不想這套話倒把位兒過世的舅太太[illegible]進去了說成照姑老爺這麼說起來這不就是符合如今帶的那個。俗稱罕買庫叫白了叫他媽媽兒手巾上的那分東西媽媽原來這件東西是有出典的老爺再想不到

談了半天談出這麼一個知已來了樂得以手拍膝說道
然可見我講的不是無本之談那窮獨密罕賈虛的漢儒
便叫作綵帨帨即手巾也只是如今弄到用起綾綿綢緞
手巾來連那些東西也都用金銀珠寶成做這便是數典
而忘其祖大失命題本意了新媳聽公公講完了這篇考
據纔一一的接見親族俗叫作分大小兒第一位便[illegible]
九公安老爺親自出去請進來只見老頭兒腆著胸脯兒
懷裡揣得鼓鼓囊囊的站在當地說免了罷安老爺道如
何使得還得請老兄台坐下受禮說著便讓他坐下兩側
[illegible]起身過來拉起公子

滿老爺姑姑奶奶都請起夫榮妻貴子孝孫賢說着便回手在懷裡掏了半日掏出一個大錦匣子來打開匣兩是個背正道花錢月瓶四所有四個孩子隨那時有拉着那樣兒作足兒還有個紅木座子他放在桌子上向公子道你瞧這個瓶願你闔家平平安安的上頭[illegible]花還俩姐妹俩和和氣氣的在照這四個娃娃的樣兒[illegible]入幾你爹們抱俩孫孫這件東西有個名兒叫作[illegible]來老賢孫你將來作了大官南征北討給爺爺們家中[illegible]子力戴個紅頂子給你老爺子老太太掙掙個風光風光好不好你可別瞧着這玉精兒不怎麼樣年代兒有了這

還是我抓週兒那天我老老家給的願你們三口兒活的比我歲數兒還大你說這還要怎麼吉祥安老爺連忙叫公子合兩個媳婦謝過安太太也道能夠都照九大爺的話就好了他道一定能一定能說着出外去了這裡安太太張老夫妻褚大娘子都受了禮舅太太給的是現作的幾件家常衣服張老夫妻是女兒給備的四半個尺頭褚大娘是緙繡領面兒挽袖褪袖兒膝褲之類都送了兒而禮其餘都是牟犖不肯受禮止彼此一見而已外面那張褚二位是昨日赴過男筵席的了今日裡面便擺起女席來[illegible]褚大娘[illegible]着[illegible]舅太太[illegible]張太太[illegible]二席安太太在

廝彬階公子一一遞過酒彼此都是熟人也不用謙讓三巡湯添二道大家便認眞吃起飯來張太太被大家勸了半日依然不肯開齋想他必有所待吃過了飯舅太太站起來道親家太太可怨我不能拘那俗禮兒等擺菜子了我可得張羅我們姑爺姑奶奶的圓飯去了說着便過新房去那裡炕上早齊齊整整擺了一桌筵席舅太太讓安公子何小姐上面並肩坐了自已合張姑娘東西相陪安公子是前度劉郎何小姐是司空見慣例也用不着十分羞澀便舉案齊眉同吃了一頓飯至此吉禮告成他三人從此問安視膳弋雁聽雞卿繡儂陰婦隨夫唱天下那

裡有這樣的人家這般的樂事豈還算不得個救苦團圓不道那燕北閒人還有大半部文章這兒女英雄傳演到第三番結束這正是硯待磨穿雙管下弓須開道十分圓要知後事如何下回書交代

兒女英雄傳評話第二十八回終

兒女英雄傳評話第二十九回

證同心姊妹談衷曲　酬素願翁媪赴華筵

這部書前半部演到龍鳳合配弓硯雙圓看事跡已是一部書他論文章畢竟不曾寫到安龍媒正傳不為安龍媒立傳則自第一回隱西山閉門課驥子起至第二十八回寶硯雕弓完成大禮皆為無謂陳言便算不曾為安水心立傳如許一部大書安水心其日之精月之魄木之本水之源也不為立傳非龍門世家體例矣燕北閒人知其故故前回書既將何玉鳳張金鳳正傳結束清楚此後便要入安龍媒正傳入安龍媒正傳若撇開雙鳳重煩筆墨另

起從台道部便有失之兩橛不成一貫之病所以這回書緊接上文先表何玉鳳却說何玉鳳本是個世家千金閨秀只因含冤被難弄得孤苦伶仃連自己一條性命尚在未小存亡那裡還講得到婚姻二字不想忽然大仇已報身命得安姻緣成就這段姻緣又正是安家這等一分詩禮人家安老爺佟儒人這等一雙慈厚翁姑安公子這等一位儒雅温文夫婿又得張姑娘這等一個同心合意的作了姊妹共事一人再加舅太太這等一個玲瓏剔透兩地知根兒的人作了乾娘從中調停提補便是今生絕絕不想再見的乳母行蹤也一旦同相聚首此時何玉鳳的

遭際真算得千古第一個樂人來享浩劫第一樁快事便從一十八獄獄中獄升到三十三天天外天其快樂也不過如此還不專在乎新婚燕爾似水如魚你道就算安老夫妻鄧家父女又能有多大神通就把他成全到這個地步這是個天難道天又合他有甚麽年誼世好有心照應他不成無非他那一片孝心一團至性作成兒女英雄合了人情天理自然就轉禍爲福遇危而安這是人人作得來的只苦於人人不肯照他那樣作了去所以我佛作到這個地步又向老天算起賬來說這是我苦盡甘來應該食報的享用的就未免氣驕志滿一天一天的放蕩恣縱

起來尋些房幃快樂圖些飽煖安閑揮些無益銀錢長些拒人氣燄豈知天道無親惟佑善人這樣驕奢起來那滿招損乖致戾的道理如應斯響便是天果然合你有個仟誼世好他也沒法了縱有旺騰騰的好時運也不怕不重新敗壞下來齊整整的好家園也不怕不重新蕭條下來及至自己尋到苦惱場中却要報怨說老天怎的不睜眼嗚呼老天豈不冤乎何玉鳳是何等一副兒女心腸英雄見識况且他自幼兒就自己為難慣了自己的了如今從鋼眼裡拔出來好容易遇着這等月滿花香的時光他如何肯輕易放過因此一進安家門便自己給自己出了一

個親手的大難題目想到上天這番厚恩眾人這番美意我如今既作了他家的媳婦要不給公婆省幾分精神把丈夫成就一個人物替他家立起一番事業來怎報得這天恩副得這人望他如此一想早把從前作女兒時節的行徑全副丟開卻事事克己步步虛心的練習人情講起世路來更兼他天生得落落大方不似那羞手羞腳的小家氣象再看看安家的上上下下那個也不是尊生人因此該說的就說該問的就問該是公子作主的定有個儘讓該合張姑娘商量的定儘他一聲到了公婆跟前便同張姑娘敘姊妹禮數自己居先到了夫妻之間[illegible]合他

論房幃貧格自已居右處得來天然合拍不即不離把安老夫妻兩個樂得大開心懷眉開眼笑他當下在上房周旋了褚大娘子合諸位女眷一番見舅太太不在跟前便要到乾娘屋裡盡個禮數安太太吩咐他就便脫了[illegible]服換換衣裳也合妹妹說說話兒去他答應着等又給婆婆裝了袋煙袋纔同張姑娘拉着手兒過這院裡來一進院門正要到舅太太屋裡去見見舅太太在廊下站着說姑奶奶必是要到我屋裡你先不用來呢今日是頭一天出來除了見公婆這算進頭一道門檻兒得取個吉祥你先到[illegible]去我[illegible]裡[illegible]給你們弄晌餑餑呢等

我皆訴明白了他們我也找了你們去何小姐兒如此說只得笑着回到自已新房換了衣服便過西屋裡來却說安公子住的那房子雖是三開間却是前後兩捲通共要算六間金玉姊妹在東西間分作屋裡的裝修隔斷都是一樣只東屋裡因作新房那張合歡牀規矩設在靠南窗便把兩捲打作通連勻出北面來擺妝奩安坐褥張姑娘這屋裡却是齊着前後兩捲的中縫安着一溜碧紗櫥隔作裡外兩間南一間算個燕居北一間作爲卧室何小姐到了這屋裡便合張姑娘在外間靠窗南牀上坐下早有華嬤嬤丫鬟柳條兒送上茶來何小姐一面喝茶留神看

[illegible]兒牀上當中一般的擺着炕桌引枕坐褥桌上一個陽羨砂盆兒種着幾苗水仙左右靠牆分例兩張小條桌兒這邊桌上隨意擺兩件陳設那邊擺一對文奩地下順西牆一張搭頭大案案上座鐘瓶洗之外磊着些書籍法帖案前一張大理石面小方桌上面擺得筆硯精良左右兩張杌子北一面靠碧紗櫥東西兩架書閣兒當中便是卧房門門上挑着蔥綠軟簾兒門裡安着個曲折槅子槅子上嵌着塊大玻璃放着綢擋兒却望不見卧房裡的牀帳又見那外間滿屋裡貼落的圖書四壁何小姐自幼也曾從經讀過幾年書自從命走風塵沒那心興理會到

此如今心閑興會見了許多字畫不免賞鑑起來一抬頭先見正間廳戶上檻懸着一面大長的匾額古宣托裱深藍綾緣寫着徑寸來大的角四方的顏字何小姐要看看是何人的筆墨先看了看下款却只得一行年月並沒有名號要復看那上款寫着老人請付驥兒補之纔曉得是公公的親筆因讀那匾上的字兒寫道是

正其衣冠尊其瞻視潛心以居對越上帝足容必重
手容必恭擇地而蹈折旋蟻封出門如賓承事如祭
戰戰兢兢罔敢或易守口如瓶防意如城洞洞屬屬
罔敢或輕不東以西不南以北當事而存靡他其適

勿貳以二勿參以三惟精惟一萬變是監從事於斯是曰持敬動靜弗違表裡交正須臾有間私欲萬端不火而熱不冰而寒毫釐有差天壤易處三綱旣淪九法亦斁嗚呼小子念哉敬哉墨卿司戒敢告靈臺

何小姐看了一遍粗枝大葉也還講得明白卻不知這是那書上的格言還是公公的庭訓只覺句句說得有理暗說原來老人家弄個筆墨也是這等絲毫不苟的則又看那東隔斷方牕上頭也貼着個小小的橫額子卻是碗口大的八分書寫得是

[illegible]弌硯悳雜

上款是龍媒老弟儷下款是克齋學隸這兩句詩經姑娘還記得又滑方勰兩旁那副小對聯寫得軟款兒的一筆趙字寫着

屋小於舟

春深似海

並是新郎自已的手筆何小姐心裡道這屋小於舟不過道其實耳下聯的意思就有些不大老成不是老人家宜誦這段將音的本意了一面回頭又看那身後炕案兒上的四扇屏寫得都是一方方的集錦小楷都是諸同人選的催妝曲大略看了一看也有幾句莊重的也有幾句輕

挑的也有看着不大懂得的合張姑娘一路說笑着便站起來到大案前看西牆掛的那幅堂軸見畫的是仿元人三多圖落款是友生辨盤莫友士寫意姑娘都不知道些人爲誰又看兩旁那副描金硃絹對聯寫道是

金門待發賢良策

玉笥新藏博議書

上款是恭賀龍媒仁兄大人合卺重喜下款是門愚姪梅鼎拜題并書何小姐看了一笑因問道這梅鼎是誰呀是個甚麼人兒呀張姑娘道他也是咱們個旗人他們太[illegible]道梅少爺是公公的

門生又合孟郎換帖所以去年來了公婆還叫我見這形
日他也在這裡來着姐姐沒聽見進來開房的那一件事
頭第一個討人嫌吵吵不清的就是他公公可疼他呀當
說那孩子有出息兒何小姐道這孩子兒呀我只當他沒
出息兒張姑娘道姐姐怎麽倒知道他麽何小姐道我何
曾知道他你只看他送人副對子也有這要淘氣的樣
姑娘聽了這話又把那對子念了一遍絲笑起來道果然
姐姐這一說破了再看那待字新字下得尤其可惡而且
還不能原諒他無心昨日姐姐只管在屋裡坐着横豎也
聽見他那嘴劃了二人說着轉到卧房門口何小姐抬頭

看門上時也有塊小匾寫着

瓣香室

心裡想這瓣香兩個字倒還容易明白只是題在臥房門上不對啊這臥房裡可一瓣心香的供奉誰呢一面想一面看那匾上的字只見那縱橫波磔一筆筆寫的儼如鐵畫銀鈎連那墨氣都像堆起一層來似的配着那粉白雪亮的光綾地兒越顯黑白分明得好看及至細看纔知不是寫的原來照樣花兒一樣用青絨繡出來的那下款還繡着桐卿學繡一行行楷小字還繡着兩方硃紅圖書可不知道[illegible]這桐卿又是誰呀手兒怎麼這麼巧

哇這個人兒在那裡我見得着他兒不着張姑娘張姐姐豈但見得着只怕見着他叫他繡個甚麼他還不敢不繡呢但是這個人兒他可只會繡不能寫這塊匾的監本是他求人家寫的何小姐只顧貪看那屋子也不往下再問說着將要進門張姑娘道柳條兒你先進去把玻璃上那個擋兒拉開得點亮兒柳條兒答應一聲先側着身子進去何小姐隨着也進了屋門見那曲折槅子是向西隔斷去的等柳條兒撤玻璃擋兒的這個當兒回頭一看見那槅子東一面長長短短橫的豎的貼着無數詩箋都是公子的近作看了看也有幾首寄懷言志的大抵吟風弄月

屑多一時也看不完只見內中有一幅雙紅牋紙題着一首七言截句那題目倒寫了有兩三行寫道是

庭前偶植梧桐二本幾似人長日掬清泉洗之欣欣向榮越益繁茂樹猶如此我見應憐口占二十八字

卽博桐卿一粲並待簫史就正

亭亭恰合稱眉齊爭比人將鳳字題好待干雲垂翠蔭日[illegible]他比翼效雙栖

後面另有一行寫着龍媒戲草何小姐看了這首詩臉上登時[illegible]有個[illegible]不然的樣子倒像兜的添了一樁[illegible]

心事一般縱待開口立刻就用着他那番虛心克己的工夫了忙聽念道且慢這話不是今日說的且等閒來合我這妹子仔細計較一番再作道理且住說書的這位姑娘好容易纔安頓了他心裡又神謀魔道的想起甚麽來了列位你道說書的可不得知道何也呢他在那裡低頭臉兒望着槅子看詩他那臉上的神氣裡張金鳳看着不見他心裡的事情我說書的怎麽猜得着你我左右閒在此大家閑口弄閒舌何不猜他一番按這書的上文猜了去何小姐同張姑娘正在談笑看到安公子詩背忽然的心下不然起來大槩是位聽書的都聽得出來當首當

是爲何玉鳳張金鳳而作那桐鄉兩個字不必講用的是鳳鳴桐生的兩句又暗借一個金井梧桐的典含着一個金字在裡頭自然是照張金鳳的別號那簫史兩個字不必講用的是吹簫引鳳的故事又暗借一個秦弄玉的名號含有一個玉字在裡頭一定是照何玉鳳的別號因此上這位姑娘看了便有些不然起來也未可知只是這首詩的命意遣詞格調體裁也還不離便是他三個的性情才貌彼此題個號兒叫個號兒也還不知肉麻況且字系名起伊古已然千古首屈一指的孔聖人便是一位有盛名仲尼曰君子中庸仲尼祖述堯舜仲尼日月也一部四

書凡三舉聖號稱號亦通例也似不足怪何至就把這位
姑娘惹得不然起來呢然而細推敲了去那四書的話兒
却有些道理在裡頭中庸兩見明明道着孔門傳授心法
子思恐其久而差也故筆之於書以授孟子到了孫[illegible]祖
訓筆之於書恐要垂教萬世既不好書作孔大父孔伋撰
更不得書作夫執御者鄹人之子難道竟書作大父日[illegible]
子中庸家祖祖述堯舜不成他是除了稱號沒得稱的只
得仲尼長仲尼短了哇論語一見子貢兒叔孫武叔呼
着聖號謗毀聖人明申明聖號說這兩個字啊如同日月
一般謗毀不得的此外却不曾見子思稱過仲尼家祖也

不聞子貢提過我們仲尼老師至於孟子那時既無三科以前認前輩的通例可避以後賢稱先聖自然合稱聖號此外合孔夫子同時的雖尊如魯哀公他祭孔夫子的誄文中也還稱作尼父然則這號竟不是不用張王李趙長幼親疏混叫得的降而中古風雅不過謝靈運致業不過郭子儀也都不聽得他有個別號然則稱人不稱號也還有時可稱便是我說書的也還趕上聽見旗籍諸老輩稱彼此稱謂如稱合闊大老張則張中堂李則李大人還若旗人則稱他上一個字也有稱姓氏的如章佳相國富察[illegible]某[illegible]父執則稱

爲某幾老爺平輩相交則稱爲某幾爺至於宗族中止有大爺叔叔哥哥兄弟的稱呼即平房分稍遠也必稱某某大爺叔叔家的幾哥哥幾兄弟從不曾聽有動輒稱別號的舊風之淳樸如此到了如今距國初進關時節曾不百年風氣爲之一變旗人彼此相見不問氏族先問台甫及至問了是個人他就有個號但問過他就會記得更詳一記得了久而久之不論尊卑長幼遠近親疏一股腦子把稱謂擱起來都叫別號尤其怪照這樣從流忘反流到我大清二百年後只怕就會有甲齋父親乙亭兒子的稱稱了且將奈何何小姐或者有見於此覺得安公子以世

家公子無端的從自己閨閣中先鬧起別號來怪他沾染時派過重所以看了那桐卿簫史的稱呼有這番心下不然也未可知若果如此這位姑娘就未免有些稜處過淌嫉惡過嚴了要知如安公子的好稱別號是他爲了難了怎見得呢一個人三間屋子裡住着兩個媳婦兒鳳姐此卿長卿短罷畢竟孰爲大卿孰爲小卿住懷些若州若什罷又未免名不正則言不順狗俗些稱作奶奶罷難道好分出個東屋裡奶奶西屋裡奶奶何家奶奶張家奶奶來不成這是安公子不得已之苦衷却不是他好趣時的陋習更是被他稱號的人他該知些體諒點這等說來何小

娘的不惜這不爲此既不爲此爲着何來想來其中定有個道理他既說了要合張姑娘商量只好等他們商量的時候你我再聽罷却說何玉鳳當下不把這話說破便先拐過不提因搭趁回頭望着張姑娘道好昨我爸爸[illegible][illegible]兒的一個妹妹怎麼一年來的工夫學壞了這稱呼分明是八面你的燕那瀟史自然要勞駕我的燒了着然這門上頭着這三個字竟是你編的你怎麼方纔還合我支吾吾的鬧起鬼來呢鬧得個張姑娘無言可答只是格格的笑說着何玉鳳進過槅子進了那間臥房只見靠西牆分南北擺兩座墩箱上面一邊擱着兩個衣箱當中放着

連三抽屜棹被格上面安着鏡台妝奩以至茶筅漱盂許多零星器具北面靠窗儘東頭安着一張架子牀牀[illegible]着頂藕色帳子那曲折槅子東邊夾空地方豎着架衣裳格子上面還大大小小放着些零星匣子之類那衣格以北即牀以南靠東壁子當中放着一張方棹左右兩張杌子那棹子上不擺陳設當中供一分爐瓶三事兩旁一邊是個青綠花觚應時對景的養着一枝血點兒般紅的山茶花一邊是個有架兒的粉定盤子裡面擺着嬌黃的幾個玲瓏佛手那上面卻供着一座小小的牌位牌位後面又懸[illegible]看不清楚是甚麽

佛像何小姐心下暗道原來這裡果然供着香火這就無怪他作辦香案了只是怎的把佛像供在臥房裡這前面又是誰的牌位呢一面想走向前一看見上面是十三妹姐姐福德長生祿位一行字把他就覺得詫的一怔問出一句傻話來問道這供的是誰是誰供的張姑娘笑道我的十三妹姐姐惝知可是誰呢難道還有第二位不成何小姐正色道妹妹你忒也胡鬧這如何使得你這等胡說豈不要折盡我平生的福分還不快丟開他說着伸手就要把那長生牌兒提起來登開慌的個張姑娘連忙雙手護住說道姐姐動不得這是我奉過公婆吩咐的何小姐

聽了更加着急起來說這越發不成事了你快告訴我公婆怎的說張姑娘道姐姐別忙咱們就在這桌兒兩旁坐下聽我告訴你二人歸坐柳條兒給他姑娘裝過袋烟來張姑娘一面吃着烟便把他去年到了淮城店裡見着公婆怎的說起何小姐途中相救兩下聯姻許多好處怎的說一時有恩可感無報可圖便要供這長生祿位朝夕焚香頂禮安老夫妻聽了怎的歡喜依允後來供的這日安太太怎的要親自行禮他怎的以爲不可攔住後來又要公子行禮都是安老爺說他不是一拜可以了事的這纔自己當面把他尋訪到青雲山莊的話說了一遍向何小姐

聽了心下纔得稍安一時兩意相感未免難過只不舒然故傷心想了一想想畢勉強笑道我想起來了記得公公在青雲山合我初見的這天合我提過這宗句那時他說不待往下聽的不想葬葬你竟問出這些故事見我的今你既把我開了來了你打甚麼好花兒呀好吃的吃甚剪面的給我帶給我吃不爽快些兒斷送要這個不敢手作甚麼你不許我拿開他你的意思不過又是甚麼捨救性命咧完親咧終身咧感恩咧報德咧這些沒要緊的話你只想你昨日在祠堂那一、番肺腑之談還不抵救我一命麼還不是完我終身麼我又該怎麼樣呢你必定告訴的不許我拿開這長生牌兒我從明日起每月清早起來給公婆請了安就先朝着你燒一炷香磕一陣頭與我看你怎麼樣張姑娘道姐姐不用着急姐姐既來了難道我放着現佛不朝還去面壁不成只這長生牌兒都刻不得姐姐聽我說個道理出來何小姐道這還有個甚麼道理講你倒說說我聽張姑娘指了牆上掛着的那[illegible]兒[illegible]要知道個道理先看這個頑意兒就明白了說着便叫花鈴兒來要扶了他自己上杌橙兒去掀起那幅絹來看個當兒何小姐早一抬腿上去揭起那擋兒來一看那裡是[illegible]像原來是[illegible]畫的士女圖只見正面[illegible]

着一個少年穿着件魚白春衣靠着一張書案上堆着一卷書在那裡拈筆擣思上首橫頭坐着個美人穿着大紅衫兒湖色裙兒前面安着個博山爐在那裡添香下首也坐着個美人穿着藕色衫兒松綠裙兒面前鋪着個繡花綳子在那裡拈絲劈邊還有兩個小鬟擁爐煮着只有那士女的臉手是畫工其餘衣飾都是配着顏色半絲半綉連那頭上的鬟髻珠翠衣上的花樣折紋都綉出來繡得十分工緻何小姐不由得先贊了一句道好標亮針綫這到不是男工繡的一定也是那位桐卿先生的手筆了說着下來轉正了細細的一看畫的那三副臉兒那少年

竟是安公子那穿藕色的却酷似張姑娘那穿紅的竟兒給自巳脫了個影兒把他樂的連連說道難爲你好心思怎麼想來着你我相處了二年我竟不知道你這麼乎兒巧道會畫呢張姑娘道姐姐打諒真個的我有這麼大本事麼除了這幾針活計是我作的這稿子是人家的非這那廠兒是一位姓陶的畫的連那地步身段首飾衣紋都是他拘出來我照着作起來的何小姐道這個姓陶的又是誰呢張姑娘道咱們這裏有位程師爺江蘇常州人他有個姪兒叫作程銓不知在那個修書館上當供事這姑娘的眞是那程銓的娘子這個人叫作陶桂冰號叫探[illegible]

我看見他這名字還念了個白字叫他陶桂冰被人笑話了去了纔告訴我說這是個冰字讀作凝姐姐指的那張玉堂春富貴就是他畫的工筆人物他也會畫最擅長的是傳真今年夏天程師爺叫他來給婆婆請安婆婆便請公公自已出個稿子叫他畫幅行樂公公說我出個甚麽稿子呢古人第一個畫小照的是商朝的傅說他那幅稿子那不是自已出的及至漢朝的馬伏波將軍功標銅柱卻是絕好的一幅稿子呢只是雲台二十八將裏頭又獨獨的不曾畫着他我這樣年紀一個被劾開復的候補知縣還鬧這些作甚麽况這程世兄的令政又是個

女史倒是教他們小孩子們畫着頑兒去罷我們就把他請過這屋裡來不是容易纔商量定了這個稿子畫成你姊三個人這幅小照何小姐道我且不管你們是容易商量的也罷不是容易商量的也罷我只問你我是個管作甚麼兒的怎麼會叫你們把我的模樣兒畫了來了一年之久我直到今日纔知道啊張姑娘道豈但姐姐的模樣兒連姐姐都叫人家娶了來了姐姐也是一年之久直到今日纔知道陸姐姐要問怎麼就把姐姐的模樣畫了來了請問這裡現放着姐姐這麼個模樣的妹妹還怕照着畫不出妹妹這麼個模樣兒的姐姐來麼話雖這樣說只

你這眉稍眼角的神情合那點傢砂痣倆酒窩兒也不知費了我多少話纔藍成的呢何小姐道我只愁你要賣關你方纔說的那不許我扔開這長生牌位兒的道理這話又與那長生牌兒何干呢張姑娘道姐姐別忙耐要留繇長生牌兒的道理正在這一幅行樂圖兒上頭說起來這話長着的啊自從去年我姊妹兩個在能仁寺荒庵相逢匆匆分手以後算到今日整整的一年零兩個月這其間無限的離合悲歡今日之下我纔盼到合姐姐一室同居長相聚首姐姐雖是此時纔來我這盼着姐姐來的心可不是此時纔有的這話大約姐姐也該信得及何小姐道

進點頭答應說豈但信得及這話大約除了我還沒第二個人明白張姑娘道這就見得姐姐知道我的心了只是我雖有這條心我到了淮安見着公婆是個纔進門的新媳婦兒不知公婆心裡怎樣這句話我可不好向公婆說不想公公到了青雲堡訪着九公見着褚大姐姐褚大姐姐也想到你我合他三個人這段姻緣上及至婆婆到了他們早合公婆商量到這段話這段話他三位老人家自然也因爲我是個纔進門的新媳婦兒又不肯告訴我落後還是褚大姐姐私下告訴了我他還囑咐我先不要提起我只管知道公婆的心裡是怎麽樣了我可又不敢冒

自失失的閒那時候更摸不着你老人家的主意我更不敢合你我這位王郎商量道天閑中我要探探他的口氣誰知纔說了一句他講起他那番感激姐姐敬重姐姐的意思來倒合我背了一大套四書把我排揎了一陣這話也長等閑了再告訴姐姐何小姐道這話也不用你告訴我我也深知你的甘苦併且連你們背的那幾句四書我都聽見了張姑娘聽了一怔便嘔他道姐姐站住姐姐這共昨日酉正纔進門兒還不夠一週時姐姐這話是從那裡打聽了去的我倒要問問罷了爲甚麼先哲有言當得意時慢開口當失意時慢開口與氣味不投者對慢開口

兒女英雄傳

的情性相投者對侵開口這四句話真是戒人失言的深意只看何小姐這等一個精細人當那得意的時候合個性情相投的張姑娘說到熱鬧場中一個忘神也就漸了兆益發覺得這四句格言是個閱歷之談了閑言少敘却說何小姐一時說得高興說得忘了情被張姑娘一語不覺羞得小臉兒通紅本是一對喁喁兒女促膝談心的只得老着臉兒笑道討人嫌哪你給我說底下怎麽着罷張姑娘道底下一直到公婆到了家把一應的事情都料理清楚了這天纔叫上我去從頭至尾告訴了我我纔深知就裏的告訴了你我這個舅公公纔擇吉親自到的道

聽[illegible]媒的全幅[illegible]總算定規了給姐姐作合的這[illegible]人

事這幅行樂圖兒可正是定規了這樁事的第三天[illegible]

不然姐姐只想也有個八字兒沒見一撇兒[illegible]門[illegible]

姊夫把姐姐合他畫在一幅畫兒上的[illegible]可小[illegible]了

益發覺得他倆真心細自是暗合心意因[illegible]那幅小照

合他說道是便是了只是人家在那裡讀書你們一個弄

一個得盡一個弄一堆線在那裡擬人家的心[illegible]

在詩上去呀張姑娘歎了一聲道姐姐的心[illegible]竟合我

的心一個樣兒姐姐那裡知道現在的玉郎早已不是你

我在能仁寺初見的那個少年老成的玉郎了自從回到

京這一年的工夫家裡本也接連不斷的事他是弓兒也不拉書兒也不念說話也學的尖酸了舉動也學得輕佻了妹子是臉軟勸着他總不大聽郎如這幅小照依他的意思定要畫上一個他對面畫上一個我倆人這麼對瞅着笑我說這影啊似的算個甚麼呢他說這叫作歡喜圖我問他怎麼叫歡喜圖他就背了一大篇子給我聽我好容易纔記住了等我說給姐姐聽聽他說當日趙松雪學士有贈他夫人管夫人的一首詞那詞說道

我儂兩個忒煞情多譬如將一塊泥兒捏一個你塑一個我忽然歡喜呵將他來都打破重新下水再調

[illegible]鎔再捏一個你再塑一個我那其間那其間我身子裡有你也你身子裡也有了我

姐姐只說這話有溜兒沒溜兒我就說趙學士這首詞兒也太輕薄你這意思也欠莊重你要畫可別畫上我我怕人家笑話他儘只鬧着不依我就想了個主意我說你要畫我這不是姐姐的事也定了賸索興連姐姐把咱們三個都畫上你可得想一個正正經經的題目兒得把你我三個人的這場恩義因緣聯合到一處我可要請公婆看過并且留着給姐姐看的我拿姐姐這一鎮纔把他的胸氣領回去了也虧他的聰明兒真快就想了這幅稿子他

說他那面兒叫作天下無如讀書樂姐姐這面兒叫作紅袖添香伴着書我這面兒就算給姐姐繡這幅小照呢叫作買絲繡作平原君我聽了聽這還有些正經緣請那位陶樺禪畫史畫了手臉我補的這鍼線這便是這幅行樂的來歷這如今姐姐是來了公婆又費了一番心把你我的兩間屋子給收拾得一模一樣我想等過了姐姐的新滿月把那槽碧紗櫥照舊安好了把姐姐這個長生牌兒還留在我屋裡把我這個小像姐姐帶到姐姐屋裡去這一來不但你我姊妹兩個時時刻刻寸步不離便是他到那屋裡有個我的小像陪着姐姐到這屋裡又有個姐姐

的長生牌兒護着我他看着眼前的這番和合歡慶自然該想起從前那番顛險艱難你我兩個再時常的指點勸勉他叫他一心發志讀書力圖上進豈不是好這便是我不許姐姐丟開這長生牌兒的道理姐姐道妹子說得是也不是請教張金鳳這等一套話那何玉鳳聽了、可有個道他不是的只是你我說書的聽書的可莫爲那燕北閒人所欺據我說書的看來那燕北閒人作第十二回安大令骨肉叙天倫佟孺人姑媳祝俠女的時候倘然就與寫了那麽一個十三妹的長生祿位牌兒不過覺得是新色花樣悅人耳目及至寫到這回十三妹是要到安家來了這個長生牌兒不提一句罷倘漏一筆提一句罷沒處交代替他算算何玉鳳竟看不見這件東西無此理看見不問更無此理看見問了照舊供着尤其無此理除是劈了燒火那便無理而又無理無理到那頭兒了就讓想空了心把那個長生牌兒給他送到獅公祠去天下還有比那樣淡溜兒的齊曬大約那燕北閒人也是收拾不來這一筆沒了招兒攥了汗了就搜索枯腸造了這一片漫天的謊話成了這段賺人的文章雖是苦了他作書的却便宜了你我說書的聽書的假如有這椿事却也得未曾有便是沒這椿事何妨作如是觀閒話休提言歸正傳却說何

小姐聽了這話不由得提着張姑娘叫了聲好妹妹怨的你這見識就合我的意思一樣可見我這雙眼珠兒不曾錯認你了我正有段話要合你說纔說到這句弍嫂嫂回道舅太太過來了二人便把這話掩住連忙迎出來讓坐舅太太道我不坐了我那裡給你們烙的滚熱的盒子我纔叫人給褚大姑奶奶合那兩位少奶奶送過去了咱們娘兒們一塊兒吃我給你們作個和合會說着拉了二人過南屋去了不提他姐妹兩個一同在舅太太屋裡吃了餑餑便同到公婆根前來安老爺正在外面陪鄧褚諸人暢飲安太太正合褚大娘子張太太并兩個姪兒媳婦閒

話又引逗着褚家那個孩子頑要了會子那天已早晚飯時候二人伺候了婆婆晚飯安太太因他們還不曾過得十二日仍叫張姑娘伴了何小姐同到新房同公子夫妻每共桌而食飯罷晚問安公子隨了父親進來閤家歡聚提了些往日世事之難敘了些現在天倫之樂安老爺便合太太說道如今咱們的事情是完了大後日可就是歸老大家的喜事他臨走再三求下太太給他送送親他也爲家裡沒個長輩兒我們自然要去幫幫他纔是安太太道我也正在這裡算計着呢這天一定是得在城裡頭住下的了就着這一盪就各處去看看親戚道道乏去安老爺

道豈止太太要去我也正打算趁這機會出去走走咱們娶這兩個媳婦兒都不曾驚動人事情過了到得見着了都當面提一句底下該帶去磕頭的地方太太還得走一趟不要惹人怪只是你我兩個人都出了門陪大姑奶奶沒個人陪不是禮呀佟大娘子道這又從那裡說起二叔眞個的還拿外人待我嗎你二位老人家只管去這天我正有事我要赴席去呢舅太太道姑奶奶那裡去呀佟大娘子道我們大哥大嫂子要請我去坐坐兒又不敢勞二叔二嬸兒要弄了吃的給我送進來我說我是備辦着我們老爺子分兒上二叔二嬸兒纔把我當個兒女待咱們爺

親兒各論兒你們要這們鬧起來那可就是作踐我了如今我就定下那天吃他們去安太太道很好麼這他們又有甚麼不敢說的呢安老爺道既如此就求舅太太合親家給我們看家罷安太太道果然的我又想起件事來了因向何小姐道你不說要給媽開齋呢嗎這天正是個好日子這一席我同老爺又不好陪倒是你三口兒好好兒的弄點兒吃的早上先在佛堂前燒了香過個識算了了應把他二位請到你們屋裡吃去這就算你們給他二位順了齋了豈不好張太太聽了先說作嗎呀親家你家那頓飯不吃肉跟我吃上肘子就算開了齋了還用叫姑奶

奶奶道這麼花錢費事安老爺道是雖如此也得叫他們小孩子們心裡過得去舅太太聽着說完了便笑道你們站着咱們商量商量這麼一對挪你們行人情的行人情認親戚的認親戚女兒女婿給開齋的開齋這麼算下有了吃兒了我那間的大家連安老爺也不禁大笑起來安太太道你想論他們誰家有剩湯剩水的揀點兒就吃了要不我給你留倆餑餑舅太太道可不是呢我有辦法兒鬧合張太太道親家母到了那天你早上同親家老爺出了女兒女婿的席晚飯等我弄點兒吃的請你我可不管親家公張太太道他還敢驚動舅太太咧他在外頭那不

吃了飯哪大家又談了一刻纔各各回房安置金玉姊妹這裡候公公進了屋子服侍婆婆摘了簪子兩個纔歇了了嬤前面僕婦打着一對手把燈引着回家又到舅太太屋裡閑談了片刻舅太太便催着他三個歸房何小姐這日正是善飲的朋友入席第三杯有名色的叫作新婦第二晚一宿晚景提過卻說安老爺安太太一家向來睡得早起得早次日清晨兒女早來問安大家正在閒談人回鄧九太爺過來了安老爺迎出去一路說笑進來到上房坐下鄧九公一一的應酬了一陣便道老弟老弟婦我今日特來道謝道乏咱們的正事也完了過了明日後日是

個好日子收拾收拾我可要告辭了這話褚大娘子聽了先有些不願意他本是個活動熱鬧人在這裡住了幾日處的上上下下沒有一個不合式的內中金玉姐妹尤其打得火熱更兼正要去赴華嬤嬤家的請如今忽然熱剌剌的說聲要走他如何肯呢只是自己不好開口只聽安老爺說道九哥你忙甚麼雖說你在這裡幾天正趕着合間有事你我究竟不曾好好兒的喝兩盅安太太也是在旁款留褚大娘子便道人家二叔二嬸兒既這麼留咱們就多住兩天不好你老人家家裡又有甚麼惦着的呀九公道倒不是惦着家在這裡你二叔二嬸兒過於爲我

操心忙了這一程子了也該讓他老公母倆歇歇兒安老爺聽了那裡肯放便道老哥哥來不來由你放不放可就得由我了鄧九公聽了哈哈大笑說那麼着咱們說開了我也難得到京一遭往回來了又身上有事不得久在如今老弟你要留下我你可別管我我要到前三門外頭熱熱鬧鬧的聽兩天戲逛逛西山我也沒逛夠還有海淀萬壽山昆明湖我都要去見識見識一直逛到香山再看看燕台八景從盤山一路逛回來撒和撒和也不用老弟你陪我我瞧你們那位老程師爺有說有笑的我們到合得來還有[illegible]珠洞那個不空和尚這東西敢是酒肉全來也不

大量個了問他這些地方他都到過再帶上女婿咱們就走下去了我回家咱就喝我出去我們就逛逛這廟待我就作些日子不我可就不敢從命了安老爺連說就是這樣當下他父女各各歡喜鄧九公談了幾句又到公子新房望了一望纔高高興興的出去按下不提安老夫妻這日在家便把鄧九公幫的那分盛奩歸着起來接着就找補開箱清結帳目收拾傢伙打掃屋子安太太先張羅着打發兩個姪兒媳婦進城安老爺又吩咐人張羅把張老的那所房子打掃糊裱起來好預備他搬家請小姐定他老夫妻纔各各出門進城謝客安公子便預先吩咐了廚

房預備了一棹盛饌又叫備了桿午酒這日先在天地佛堂擺了供燒了香命張老夫妻磕過頭然後請到新房給他二位順齋兩個老兒倍常歡喜這日打扮得衣飾鮮明一同過來張老是足登緞靴裡面襯着魚白標布上身兒油綠綢襯下身兒的兩截夾襖寶藍亮花兒緞袍子釘卷雙白朔鼠兒袖頭兒石青哈喇寒羊皮四不露的褂子掖種羊帽子帶着個金頂兒原來安老爺因家中辦這事說家老爺沒個頂帶不好着石青褂子慮到眾親友錯敬了非待親戚之道適逢其會順天府開着捐輸例便給他捐了個七缺後的候選未入流頂上便有了這個朝廷名器

倒也可以算得是身家清白究竟世業豐柔不同門戶
好看因此遇着有事便頂戴榮身沒事的日子便把頂子
拔下來擱在錢褡褳兒裡這日也因是叩謝佛天所以纔
戴上的張太太又是一番氣象了除了細甜兒裡衫兒不
算外頭上是金烘烘黃澳澳塊塊莫講別的只那根烟袋上一個
日長了足有一尺多烟荷包用到絳色匣子的裡面裝的
是六百四一觔的湖廣葉子還是成觔的買了來家裡存
着隨吃隨裝這兩個老兒也叫着孤始願不及此今及此
豈非天乎了閒話休提却說他夫妻兩個到了女婿房裡
安公子金玉姊妹先讓到西閒客坐坐下公子同何小姐

親自捧茶張姑娘裝過一袋烟來仍是照前那等裝法這個當兒張太太已經念過七八聲佛了不一時戴嬤嬤同飯擺齊了三個人讓他二位出來分東西席坐好何小姐送了酒退下去向着二人便拜慌得個張老說道姑奶奶你這是怎麽說連忙出席還揖不迭張太太說聲了不的了站起來趕着過來就要攙起來不想袖子一帶把雙筷下拐在地下把盅酒也拐倒了濺了一桌子幸而那盅子不曾掉在地下僕婦們連忙上前揀筷子擦桌子重新斟酒鬧成一團他那裡還拉着何小姐說姑奶奶你這是的兒說你們我多吃幾年大米飯罷別價儘着折受我咧何

小姐道慢講爹媽爲我持這一年的齋我該儘個頭的我自從住在能仁寺受了你二位老人家那個頑到今日思起來便覺得罪過何況今日之下妹妹是誰我是誰要他當老也講不出個什麽兒來公子便讓着跪了作那老頭兒到依舊吃了兩三個餑餑一點兒不言語的泡着茶吃了三盤半做啟太太先前還是乾嗽白餑餑何小姐說媽們是吃點兒菜呀他見那棹子上擺着也有前門外樓上的那小雞蛋兒熬乾粉又是清蒸刺猬皮似的一盤什麽那一盤黑漆漆的一條子一條子上面有許多小肉錐兒的不知甚麽東西若論張太太到了安老爺家也一年之久了

難道連燕窩魚翅海參還沒見過不成只因安老爺家雖是個世族太家都守定了那老輩的勤儉家風不比那小人作富枉花那些無味的錢混作那等不着要的濶家中除了有個喜事以至請個遠客之外等閒不用海菜這一類的東西因此張太太雖然也見過幾次知道名兒只不知那個名兒是那件上的所以不敢輕易上筷子如今經何小姐揀樣的說着給夾過來他便戒兒嘍戒兒嘍的吃了些不想那肚子有冒冒的二十年不曾見過油水兒了這個東西下去再搭上方纔那口黃酒敢是肚子裡就不依可竟咕嚕咕嚕的叫喚起來險些兒弄到老廉頗一飯三遺

外幸虧他是個羊臟咕嚕了會子竟不曾鬧動一時大家吃完了飯兩個丫鬟用長茶盤兒送上嗽口水來張老擺了擺手說不要因叫道女孩兒你倒是搁起炕碟子來把那蓆簾兒給我撅一根來罷柳條兒一時摸不着所公子說拿牙籤兒來柳條兒幾連忙拿過兩張[illegible]摺兒手絹上面托着根柳木牙籤兒張老剔了會子牙又從腰裡掖下一條沒撬邊兒大長的白布手巾來擦了擦嘴又喝了兩口茶便站起來道姑爺兩位姑奶奶費心我吃也吃了喝也喝了可得到前頭招護招護去了公子道晌午還預備着菓子呢張老道姑爺你知道的我不會喝酒又不吃點

些零碎東西再說今日親家老爺太太都不在家他們伴兒們倒跟了好幾個去在家裡的呢也熬了這麼幾天了誰不偷空兒歇歇兒我幫他們前頭照應着去說着便出去了公子一直送出二門方回這裡張太太吃了一袋烟也忙着要走何小姐道媽可忙甚麼呢沒事就在這裡坐一天說說話兒不好他道跡姑奶奶你婆婆托付了我會子倘把人家舅太太一個人兒丟下不是話再說他那上還給我弄下吃的了我更不會吃那些菜子呀酒的咧你們自家吃罷說着自已摸上烟袋荷包絹子也去了他三個纔到了上屋裡見舅太太吃完了飯正看着老婆子們那

裡拌鋸末子掃地兒了張太太站起來道偏了我們了走了女兒的席來了張太太道可吃飽咧齋也開咧我們姑奶奶這就不用惦記着咧舅太太便讓他姊妹兩個也坐下倒合公子道這裡不要你你去罷公子正一心的要出兒想着回家便答應了一聲笑着先走了這裡姊妹兩個便在旁邊的小杌子上坐下那個大丫頭長姐兒便從柳條兒手裡接過烟袋荷包來給張姑娘裝了袋烟回身又給何小姐倒過碗茶來何小姐素日見這個丫頭在婆婆跟前十分得用便欠了欠身說長姐姐你叫他們倒罷隨即站起來同張姑娘走到排插兒背後一長一短的合他

說話兒因見他是個旗裝打又有些外路口音問了問纔知他爹娘是貴州狆苗的叛黨老祖太爺手裡得的分賞功臣爲奴的罪人他爹娘到這裡纔養得他他從小兒便陪着公子一處頑耍到了十二歲太太纔叫上來的何小姐見他說話兒甜淨性情兒柔和從此便待他十分親近這且不提他姊妹兩個坐了片刻舅太太便道今日我要不在家你們姐兒倆也歇歇兒去我要合親家太太夾上人鬬牌呢因合何小姐道你這位公公呵我告訴你討人嫌着的呢他最嫌人鬬牌他看見人鬬牌都也不言語等過了後兒提起來你可聽麼不說他拙笨嬾兒全不會又

是甚麼這樁事最是消磨歲月了最是就懈正經了又是甚麼此非婦人本務家道所宜了綳着個臉兒喝喝個不了倆偏兒的姑太太合我又都愛鬪個牌兒得勝個兒在家偷着鬪今日我可要贏我們親家太太倆錢兒了何小姐道娘就鬪牌我們也該在這裡同樂你只管再沒別太太那麼對勁人的了說不用你們倆家去家裡是這且不動呢零零碎碎也偷空兒歸着歸着以至公婆穿戴的是甚麼呀家裡的事兒啊你們爺的牌氣性格兒常隨身的活計啊姐姐也該閒閒妹妹也該認認今日不是個空兒嗎大、說倆小州本是不肯走被舅太太這一說倒提起他心裡一椿事來正待要走張姑娘道姐姐舅母既這麼吩咐不咱們就走罷家裡坐坐兒再來二人便攜手同行而去且住說書的這回書一開場你就交代此後便要入安龍媒正傳如今一回書說完了請教那一句是安龍媒的正傳啊況且何玉鳳到了安家纔得兩三天合張金鳳姊妹初聚這一邊自然該入門問諱有許多緊要正經話要問那一邊自然也該舊令尹之政必以告新令尹有許多緊要正經話要說纔是情理怎的便談到這些閒閣閣情合瑣屑筆墨作這等一篇沒氣力的文章莫非那燕北閒人寫到頭兒雖已完成大體有些江淹才盡起來了別

必待深淺而後知水非善觀水者也待登山而後見雲非善觀雲者也金玉姊妹倆個到了今日之下沒得緊要正經話可說了甚麼原故呢那撚批閑人早輕輕兒的把他舅太太放在中間這文章儘夠着了不必是這等呆寫至於這回書的文章沒一個字沒氣力也沒一處不是安設媒的正傳總到下回纔知這話不謬苟謂不然那撚批閑人雖閑也斷不肯浪費這等拖泥帶水的閑筆閑墨後有取耳予姑待之這正是定從正面認廬山那識廬山真面目果竟那金玉姊妹兩個回家又有些甚的枝節下回書交代

兒女英雄傳評話第二十九回終

兒女英雄傳評話第三十回

開菊宴雙美激新郎　聆蘭言一心攻舊業

這回書緊接上回話表安公子却說安公子本是個聰明心性倜儻人才也虧父母的教養詩禮的陶鎔纔不曾走入紈袴輕佻一路自從上年受了那場顛險幸得逗逗的順自危而安安老夫妻暮年守着個獨子未免祇顧偏溺加了幾分憐愛偏偏的他又一時紅鸞雙照得了何玉鳳張金鳳這等一雙才貌心性已色出眾的佳人心是肥了氣是飛了主意也漸漸的多了外務也漸漸的來了一經人到了成了授室離開父母左右便是安老夫妻恁般嚴

慈那裡還能時刻照管的到他有時到了興會淋漓的時節就難免有些小德出入這日安太太吩咐他給岳父母順齋原不過說了句好好兒的弄點兒吃的他就這等山珍海味的小題大作起來還可以說畫龍點睛至於又無端的弄棹菓酒便覺畫蛇添足可以不必了果然那一雙村老兒作不來這些新花樣力辭而去他便就這棹席酒上生出篇文章來因此在上房將舅太太讓了他一句他便悒忙的回到房中催着打掃淨了屋子又有個知趣兒的小鬟點了兩枝蘭花香薰了薰張太太的那架子悶氣時節正是九月上旬天氣北地菊花盛開他早瞧了些

名種院子裡小小的堆起一座菊花山來屋裡響版列荳
也擺得無處不是菊花回到家裡便脫了袍褂換上一件
倭緞鑲沿掐二十四股兒金線縧子的絳色綢綢的羊八
兒皮襖套一件腐膀色摹本緞子面兒的珍珠毛兒小[illegible]
閻葫蘆兒帶一頂片金邊兒沿鬼子欄杆的寶[illegible]中金
的帽頭兒腦袋後頭搭拉着大長的紅穗子凡是這些[illegible]
於華靡不及的服飾都是安老爺平日不准穿戴的這日
父親不在家便要穿戴起來擺搭擺搭打扮好了又親自
提着個宜興花澆澆了回菊花兒那菊花山上有一枝金
如意一枝玉連環開得十分玲瓏婀娜便自己取了把剪

花的小竹剪子剪下來發在書棹上那個簪紅花筐裡等了半日不見金玉姊妹兩個回來他就隨手拿了一本李義山的詩翻閱時當正午日影在窗恰好屋裡關住一個蜂兒戀切不得出去碰得那窗櫺兒琤琮作响他下裡看着那本詩正翻着昨夜星辰昨夜風那首無題看到身無彩鳳雙飛翼心有靈犀一點通的兩句益發覺得滿腔中古香穠豔此情此景世人無此風雅了正看得高興只聽窗外鈴聲格格他姊妹兩個攜手同歸忙丟下書笑道你姊妹兩個來得大妙我這裡正有樁要事相商屈打許汝便讓他兩個炕上坐了自己就靠着那張書棹說道今日

給自父母備了絕好的一棹菓子不想他二位老人家無此雅興父母既不在家何不要進來再開他們好同你我三個人作個賞菊小宴呢張姑娘聽了先說道把[illegible]子[illegible]進來咱們吃了使得依我說酒可以罷了總倒比不得[illegible]婆在家裡況且婆婆出門去了舅母總是那樣說我們姐姐一會兒還得在上屋照料照料去總是公子正在興頭上吃這一擋使有些不豫色然何小姐連忙向張姑娘丟了個眼色說道舅母不是外人既那樣說咱們等會子再過去也使得就是咱們屋裡倘然偷空兒聚這麼一遭兒倒也沒甚麼的公子聽了纔鼓起興來便向着張姑娘道

你這人怎的這等欠雅對着美人賞此名花若無酒豈不辜負這良辰美景等我親自叫他們開酒去說着興匆匆的跑出去了這裡張姑娘攙着他帶着笑向何小姐道我的姐姐你老人家是怎麼了前日合我說甚麼來着怎麼今日又這等高興起來了呢姐姐不知道是說公公准他喝酒他喝開了可沒把門兒人攔不住何小姐先嘆了口氣說道妹子你方纔說的實在是正經話我並不知咱們前日沒得談完舅母來叫吃餑餑就把這話打斷了我看着你我眼前可愁的還不專在他喝酒上自從我來的第二天看見他寫的春深似海的那副對聯合那首種梧桐

做什麽詩我就添了樁心事正要合你說你比我早有先見之明又說了那套話我這兩日留上心一看妹妹你的話果然說的不錯這大約總由於他心性過高境遇對着興會所到就未免把這輕佻一路誤認作風雅殊不知這是真風雅這兩個字也最容易誤人誤人還說得不淺要然性情持得住風雅也不過成個點綴從容人儻被風雅移動了性情竟會弄成個輕薄子弟前賢那人無風趣官多貴案有詩書家必貧而兩句話雖是過激之談却也確有此理你只看古往今來那些風雅先生們那一個是置身通顯的講到玉郎現在的處境上有兩位老家兒栽培下

有你我兩人侍奉豐衣足食無慮無愁可是你說的正是奮志成名力圖上進的時候我看他一切丟開只把這些閨閣閒情筆墨瑣屑作了個正經已經認差了路頭了再說一句不是你我不害臊的話若果然是照行樂圖兒上的那等一個不言不語的說不倚道不明的你或者像長生牌兒似的那等一個無知無識推不動搡不動的我正所謂影裡情郎畫中愛寵他見這麼裡沒甚麼可膩雅的去慮少不得也得一心撲到書本兒上去偏偏兒守着這麼個模樣兒的你又來了照你這個模樣兒的我一個人能有多大精神要都用在這三間屋子裡還怕他不合脂

粉花香且親日近離經濟學問日遠日疎歷所以從來說的三月不與士大夫談則語言無味而目可憎又道是作於憂患死於安樂古人何必無端的作這等危言未必不有見於此你我若不早爲之計及至他久假不歸有個一差二錯那時就難保不被公婆道出個不字來責備你我幾何便算公婆因愛惜他原諒你我不肯責備要知一樣的給人作兒子他這給人作兒子可與衆不同一樣的給人作媳婦你我這給人作媳婦可與衆不同他給人作兒子這條身子所關甚重你我給人作媳婦這兩副担兒也就不比今日之下你我合他三個人費了公婆無限的精神

氣力千難萬難聚在一處既然彼此一心怎不看破些枕蓆私情認定了倫常至性把他激成一個[illegible]代人物可不可惜他這副人才可不辜負公婆這番甘苦可不枉結了你我這段因緣何小姐說到這裡張姑娘先舉手加額的念了半聲佛說姐姐這話比我見的更透我雖說臉軟嫩着了他勸他幾句說的那會兒好笑嘻嘻的答應着過兩天還是沒事一大堆何小姐道他如今正在興頭上這樣合他輕描淡寫大約未必中用你不見你方纔攔了他一句酒倒罷了他就有些不耐煩起來麼所以我合你使了個眼色我的意思正要借今日這席酒你[illegible][illegible]事作非索

也破盤究刑痛下一番鍼砭你道如何張姑娘道好是好極了我在姐姐跟前可不存一點心眼兒姐姐說話可一會慣的性急他的脾氣可一會兒的價性左咱們可是有步兒來爲一有個一時說不對路倒不要被人聽見一下子吹到公婆耳朵裡顯見得姐姐纔來了幾天兒兩個人就不和氣似的何小姐道你這話慮的狠是可是衝着我的話你只放心我自然有個叫他左不到那裡去的說法張姑娘道姐姐打算怎的個說法我聽聽何小姐將要開口兩個酒窩兒一動把臉一紅湊到張姑娘耳畔低了聲句把個張姑娘樂的連連點頭笑道姐姐這叫作兵法攻

心爲上又叫作彭更有二一焉何小姐似嗔似喜的瞅了他一眼說道人家合你說正經話你又來了因又說道果然他聽進這話去便是你我受他兩句甚麼話也不爲可愧不算受屈只要把他逼到正路上去不但如了公婆的願成了他個人也不枉我拿着把刀把你兩個撮合在一塊子也不枉你說破了嘴把我兩個撮合在一塊子便是我的父母也不白佔人家的一塊墳塋親家爹媽也不白吃人家的半生茶飯了這話要擱在第二個人家兒的同房姊妹也說不得必弄到這個疑那個取巧那個疑這個賣乖倒壞了體了你我兩個不但我信得及你我料你也一

定信得及我所以我纔合你商量你想着怎麼樣張姑娘
道姐姐這還有甚麼可商量的呀姐姐沒[illegible]此[illegible]我何說
見識也沒這力量如今姐姐來了我還愁甚麼何況這事
兩個人說又比一個人得說多了呢不用商量一定如此
列公你看奇哉怪也好一對奇怪女孩兒們兩個[illegible][illegible][illegible]
女英雄兩個字擱住不撒手刀住不鬆了開話休絮煩
發何玉鳳張金鳳兩個計議停妥倒歡歡喜喜先[illegible][illegible]着
叫那些僕婦了鬟放棹椅安匙筯洗盞添杯便傳[illegible][illegible]
把蕪子打發上來將擺得齊整公子早忙忙的進來見安
嬷嬷在那裡叫嗐嘆壺便叫道嬷嬷你老[illegible]下那個快給

我找個干淨盆來掣酒原來安老爺的酒是交給葉通管着使見葉通帶着兩個更夫抬進一大罈酒來放在廊下公子忙着問葉通道滑稽呢葉通只愣愣的站着不言語公子道你沒帶進來嗎葉通這纔回說請示爺甚麼是個呱咭呀公子哈哈笑道難爲你還告訴我你念過古文觀止呢難道連滑稽列傳那篇漢文也沒念過嗎葉通道奴才念過奴才只知那滑稽兩個字作口角詼諧利辯講這是個甚麼奴才可怎麼帶得進來呢公子道怕不是這等講法然則何不名曰口角詼諧利辯列傳而名曰滑稽列傳呢這滑稽是件東西就是掣酒的那個酒𣪍子俗名叫

作過山龍又叫倒流兒因這件東西從那頭兒把酒斟出來繞個灣兒走到這頭兒去如同人的滑由流口雖是無稽之談可以從他口裡繞着灣兒說到人心裡去所以叫作滑稽又有個乖滑稽留的意思所以謂之滑稽列傳明白了陞服去搖鬧藥道白忙裡無意中倒冊了個與笑道爺要說叫奴才取倒流兒去奴才此時早取了來了公子這陣不看耍大約也由高興而起不一時葉道爺了當駱子進來公子看着擊出來西好了纔進屋子早見羅間綠綢人倚紅妝已預備得停停妥妥心下十分歡喜又見正間設着張大椅子東西對面兩張杌子因說道這杌

自然是爲我而設了估了估了一抬腿便從椅子旁邊拐攔上邁過去站在椅子上盤腿大坐下來纔得坐下便叫酒來酒來不防這個當兒張姑娘捧壺何小姐擎盃滿滿的斟了一盃送到跟前他連忙道阿呀怎麼鬧起外官儀注來了何小姐道這是咱們屋裡第一次開宴麽他聽了便騰的一聲跳下座來座旁打了一躬慌得他姊妹兩個笑而避之又聽張姑娘道人家姐姐這盃酒可得乾了哇公子接過來站着一飲而盡張姑娘接過杯來便把壺遞給何小姐照樣斟上一杯送過去公子道這是有例在先的公子接過來一口氣飲乾了便要接壺來回敬他姊妹兩

個酒三人一齊正色道這可使不得看人家笑話叫丫頭們掛龍公子只得歸坐金玉姊妹便分左右坐了侍婢們按坐送上酒來公子擎盃在手左顧右盼望着他姊妹兩個說請阿自已便先飲了一口又撫掌道此人生第一樂也何小姐笑道這個典用得恰咱們這堂屋裡正少一塊匾等喝完了酒何不趁興就寫起來公子道用甚麼字號何小姐道四樂堂公子道怎的叫四樂何小姐道你把這席酒算作第一樂那父母俱存兄弟無故只好算第一樂仰不愧於天俯不怍於人只好算第三樂了還數餘着個得天下英才而教育之湊起來可不是四樂堂公子實得

這話有些扎耳朵便端起盃來又飲了一口道且食蛤蜊隨即喝乾了那盃向他姊妹照盃何小姐道這等來法猛飲而易醉咱們莫如行個令罷這句話更打進公子心眼兒裡去了連說行得我們行甚麼令呢屋裡書桌上有我叠背的絕好一枝玉枝環一枝金如意把他拿來大家鼓傳花何如他兩個分明曉得把他兩個的芳名作賊只作不解張姑娘道這個令行不成第一公公的家教咱們家從沒樂器這一類東西便是此刻叫人在外頭現找去只聽見背着皷尋鎚的沒聽見拿着鎚尋皷的經讓找了咱們誰沒行過這個令想裡去自然也得個會打皷的

打出個過急緊慢來花落在誰手裡纔有趣要就交給咱們這些丫頭老婆子一打豈不把你這麼個好令弄得風雅掃地了嗎如今我到有個主意莫若就把你方纔說的名花美人旨酒作個令牌子想個方兒行起來豈不風雅些呢何小姐先說有理便說如今要每人說賞名花酌旨酒對美人三句便仿着東坡令每句底下要合着本韻續上一句七言詩不准用花酒美人的通套成句都要切着你我三個今日的本地風光你道好不好公子聽了只樂得眼花兒撩亂心花兒怒發不差甚麼連他自己出過花兒沒出過花兒都樂忘了手裡拿着一隻筷子敲打着桌

于道鳳兮鳳兮可見可見寶護我心依卿所奏然姑[illegible][illegible]公子狂得弃法大亂只低了頭抽了口烟從兩個小鼻子眼兒裡慢慢的噴出來笑而不語何小姐那生來的言談爽利氣雖飛揚今日又故作出一團高興來但見他在坐上發花亂顫手釧鏗鏘公子這些趣談他只像不曾留意只聽他向公子說道這個令可是我合妹妹出的主意我們兩個可不在其位況且女子從人者也這屋裡斷沒我兩個出令的理自然從首座行起公子酒入歡腸巴不得一聲兒先要行這個新令不用人讓自已告着先喝了一盅令酒想了一想說道

賞名花　穩繫金鈴護絳綵
酌旨酒　玉液金波香滿口
對美人　雪樣肌膚玉樣神

金玉二人相視一笑都贊道好令飲了一口門盃公子欠着傾兒向張姑娘把手一拱道遵令偏卿了張姑娘道我不僭姐姐何小姐聽了更不推讓便合公子說道我們兩個可不能說的像你那們風雅呀只要押韻就是了公子道慢來慢來也得調個平仄合着道理纔算得呢何小姐道自然這平仄声而還弄得明白道理也還些微的有一點兒在裡頭因說道

賞名花　名花可及那金花

纔說得這一句公子便擰着眉搖着頭道俗何小姐也不合他辨又往下說第二句道

旨酒　旨酒可是瓊林酒

公子撇着嘴道俗何小姐便說第三句道

對美人　美人可得作夫人

公子連說醜醜醜醜你這個令收起來罷把我麻犯的一身雞皮疙疸了你快把那盅酒喝了完事何小姐道怎的這樣的好令不入爺的耳呀要調平仄不仄不錯要合道理道理有怎麼倒罰我酒呢公子哈哈大笑道我倒請

教請教這番道理安在何小姐道旣叫我講咱們先講下說的沒個道理我認罰有些道理你認罰向如公子道說得有個理我吃一大盃沒道理要依酒谷金數受罰[illegible]你也喝不起極少也得罰三盃還不准先露以爲擒也張姑娘道就是這樣我保着姐姐姐姐要賴不但姐姐罰三盃我也陪三盃公子道旣如此姑妄言之妄聽之罷[illegible]何小姐見公子定要他說出個道理來趁這機會便把坐兒挪了一挪側過身子來斜簽着坐好了望着公子說[illegible][illegible]承濟問這話卻也小小的也個道理在裡頭你若不嫌絮煩容我合你細講你方纔合妹子說的對着美人賞此名花

若無旨酒豈不辜負了良辰美景自然看得美人名花旨酒不容易得良辰美景尤其不容易得這話要不是你胸襟眼界裡有些眞見解絕說不出來只是替那美人名花旨酒設想他談何容易作了個美人開成朵名花釀成盃旨酒也要那對美人賞名花飲旨酒的消受得那旨酒名花美人纔算得美人名花旨酒的知音便是那花酒美人也覺得增色不然你只管去對他賞他飲他你於你的他於他的那良辰美景也只得算幹那良辰美景的了其中毫無樂趣各不相干還怎生道得個風雅何況這幾件件件都是天不輕容易給人的幸而有盃旨酒又愁沒朵盃

花可賞有殊名花又愁短倘美人相對便算三生造化了
更難的是美景良辰一時間都合在一處講到今日之下
大爺你生在這太平盛事又正當有爲之年玉食錦衣高
堂大廈我合妹妹兩個雖到不去美人且許不伶偎陪上
眼前這花兒酒兒也還不同野草村醪而逢着今日賞美
景良辰真是一刻千金你雖所經皆个稱意不滿了要知
天道忌全人情忌滿美景不長良辰難再人無千日好花
無百日紅保不住添中酒不卒又怎保得住坐上客常滿
你怎生想個方兒把這幾樁事撙節得長遠些享用方安
照些便好公子道正好喝酒取樂怎的忽然動想這等的

感慨牢騷來了何小姐搖頭道不是這等講我同妹妹兩個一個村姑兒一個孤女兒受上天的厚恩成全到這步田地再要感慨牢騷那便叫無病呻吟無福消受了只是我兩個作了一個婦女可立得起甚麼事業來不過只等奉翁姑幫助丈夫教養子女支持門庭料量薪水這幾件事件件作得到家纔對得過天去我過來看了這幾日現在的門庭不用我兩個支持薪水不用我兩個料理眼下且無子女用我兩個教養第一件便是侍奉公婆這樁事我同妹妹儘作得到家就只愁你身上我兩個有些幫助不來我姊妹倒添了樁心事公子笑道這話那裡說起此

之謝蘧伯玉帶領與牽君子放着這等一位恢宏大度的何爾史一位細膩風光的張桐鄉[illegible]怕幫助不了一個安龍媒我到請教你二位待要怎的個幫助我又要幫助我到怎的個地位纔得心滿意足呢何小姐消不是說你我三個人也用不着這個謙字我想人生夢幻泡影石火電光不必往這裡講就在坐的你我三個人自上年能仁寺初逢青雲山再聚算到今日整整的一年這一年之中你我各各的經了多少滄桑這日月便如落花流水一般的過去了如今天假良緣我兩個侍奉你一個頭一件得幫助得你中個舉人會上個進士點了翰林先交代了譜

書這個場面至於此以後的富貴利達雖說有命存焉難以預定只要先上船自然先到岸你是個讀書明理的人豈不知仕非爲貧也而有時乎爲貧娶妻非爲養也而有時乎爲養那時博得個大纛高牙位尊祿厚你我也好作養親榮親之計這等講起來我那插金花飲瓊林酒想封贈個夫人的令那一句沒道理你先道是俗腐嗟我倒請教怎生纔是個不俗不腐不醜你這見解一定加人一等這等元妙高超出我兩個怎生幫助得你來公子聽了揚起頭來啞然大笑說道迂哉迂哉我只道你兩個有甚麽石破天驚的大心事這等爲難原來爲着這兩樁事捨取

功名不敢欺妄龍媒從考秀才起就不曾科考過第二次想那中舉人中進士也還不到得如登天之難我父親沒我的這點學業我看着那入金馬步玉堂如同拾芥一般父母我家本不是那等等着錢糧米兒養活父母的人家兒只這園着莊園的幾畝薄田儘可敷衍吃飯何況父親還有從淮上一路回京承諸相好義贈的不下萬金再加上鄧翁前日這一項足有四萬金的光景難道還不夠父母的安享不成何必遠慮到此何小姐道你把金馬玉堂這番事業就看得這等容易無論你有多大的學問未必頂似公公你只看公公便是個榜樣至於家計我作兒還

住的時候也聽見婆婆同舅母說過圍着莊園的這片地原是我家的老圈地當日多的狠呢年深日久失迷的也有隱瞞的也有聽說公公不慣經理這些事情家人又不在行甚至被莊頭盜典盜賣的都有如今剩的只怕還不及十分之一果然如此這點兒進項本就所入不抵所出及至我過來問了問自從公公回京時家中不曾減得一口人省得一分用度如今倒添了我合妹妹兩個人親家爹媽二位再加我家的宋官兒合我奶娘家的三口兒就眼前好好無端的就添了七八口人了俗語說的好但添一斗不添一口日子不可長算此後只有再添人的怎生

得夠至於你說的這項銀子公公同京一路盤纏到家安置再加上妹妹合我這兩件喜事所費也就可想而知你有個三四萬銀子又支持得幾年若不早為籌畫到了那展轉不開的時候還是請公公重作出山之計再去奔波來養活你我呢還是請婆婆掙擋新水受老來的艱窘呢張姑娘從旁道姐姐這話實在想的深說的遠大小人家都是一跟大槩受這個病的居多說話間公子一面聽着又一面探過手了且住安家的家事怎的安公子不知底細何小姐利知底細何小姐向知打算安公子倒不知打算何小姐精明也精明不到此安公子懵懂也懵懂不到此

這個理怎麼講列公其理甚明人所易曉何小姐是從造境裡過來的如今得地身安安不忘危於志要成果把這家人家立番事業安公子是自幼嬌養衣來伸手飯來張口的人何曾理會過怎生的叫作生計艱難及至忽然從書房裡掏出來進上一來一往走了一盪也只不過領略些衢途市井的風土人情長得了甚的心胸見識洎從間到家又機緣一步湊巧似一步境界一天從容似一天他看着那烏克齋鄧九公這班人一幫動輙就是成千累萬未免就把世路人情看得容易了然則他當日那番輕身救父守義拒婚以至在淮上店裡監裡見着安老夫妻的

那一番神情在自家閨房裏訓飭張姑娘的那一篇讜論豈不是個天眞至性謹飭一邊的佳子弟如今怎的忽然這等輕狂放縱起來呢這也容易明白他從前那些行徑是天眞至性裏裹住了點兒齊壽現在的這番行徑是加識開了習俗所染這就叫學油滑了也還使他那點世故纔不學那吃喝嫖賭成一個花花公子所以就近於狂蕩一路大凡一個子弟都有四重關開了知識是第一重關出了書房是第二重關成了家是第三重關入了宦途是第四重關一關一變變則化化則休矣果能始終不變定然成個人物然而不變的少只要變後還能遵父兄的教

訓師友的勸勉閒閒的箴規慢慢的再往回來變指點他齊一變至於魯魯一變至於道也就罷了然而也少且莫只顧閑談打斷了人家小夫妻三個的話柄再說安公子此時是一團的高興那裡聽的進這路話去無如他在何小姐跟前又與張姑娘有些不同自從上年見面的那日一個豎心傍兒寫在那裡直到如今雖不曾在右邊加上個甚麼字畢竟有些愛中生敬敬中生畏況且人家的話正正當當料着一時駁不倒便說道言之有理但現在又得出去陪幾天客這一向忙完了度過殘冬就是年下轉明年開了春可要認認真真的用起功來了何小姐道你

這話倒時合了那個笑兒了一個人嬾於讀書賦詩言志作了一首七言絕句詩道春天不是讀書天夏日初長正好眠秋又凄凉冬又冷收拾又待過新年說不測什予見機而作不俟終矣怎的只顧把話兒說遠了撥我快就留意思等公婆回家來入姓口那句出來了你便升兩大客回來且把飲者酒賞名花對美人的這些風雅事兒以至那些言情遣興的詩詞弄月吟風的勾當一切無益身心的事一槩丟開甚至連你的那觧夾桐聊也暫且把他擱在心上一心於正經的理首用起功來轉眼就是明年秋闈再轉眼就是後年春榜果然高捷連登再點上庶常

進了那座清碧堂別的慢講你只看公公正在精神強健的時候忽然的急流勇退安知不是一心指望你來剗補果然有這天也好慰一慰老人家半世期望之心平一平老人家一生抑鬱之氣你豈不作成了一個養志的孝子俗語說的先下米先吃飯果然有命水到渠成十年之間不愁到不了台閣風疆的地位那時榮發雙親俯仰無愧到了這個分兒上了還怕不得天下英才而教育之不成這三件樂事你算都作到家了我覺得便是那金谷園內屛風也不是甚麼難事算起來十年過後你纔三十歲依然還是個白面書生也還不算辜負了這良辰美景那時

候咱們可對了美人飲着旨酒賞那名花山肴性兒纔歡
這屋裡那塊四樂堂的匾可算掛定了不然這稱深何謂
的屋子也就難免愁深似海不但我們這兩個與今同分
已而已而了只怕連你這令之所謂風雅也就殆而殆而
了那時你自己顧自己也顧不來還想好得下賞雅時日
護他比翼效雙栖鴨這話都不為着這勝酒而起自從我
過來第二天見了你這些雅興就深以為不然連日更是
你一天一天的近於口角尖酸舉止輕佻 路過不是從
前的温文謙厚樣子這都大不是公婆教養成全的本意
我兩個深以為愁幾次要勸勉你一番這幾日偏忙忙碌

碌不得個機會今日適逢其會遇着你這席酒方纔妹妹止說了個酒倒罷了你便有些不耐煩照這等流連忘返優柔不斷起來我姊妹竊以爲不可所以方纔我兩個商量定了就你口中言道我心腹事下這篇規諫只不知這話大爺聽得進去聽不進去公子聽了這話便有些受不住不似先前那等柔和了只見他沉着臉垂着眼皮兒閉着嘴從鼻子裡哼了一聲把身子挪了一挪歪着頭兒向何小姐道聽得進去便怎麼樣聽不進去便怎麼樣我倒請問其目他那意思想着要把乾綱振起來嚇他一嚇料想今日之下的十三妹也不好怎樣再不想這位十三

妹可是惹得動的他却也不怎樣只把嗓子提高了一詞
話道聽得進去與講咱們屋裡這點兒小事兒無是侍奉
公婆應酬親友支持門戶約束家人籌畫銀錢以至料理
薪水米鹽這些事都交給我姊妹兩個侍奉公婆是我兩
個的第一件事但有不周許你責備支持外面是我的責
料理裡面是他的事公婆只樂得安養你只一意讀書
能如此我姊妹縱然給你暖足搔背掃地掃塵也甘心情
願這一定體貼得你周到侍奉的你殷勤斷不進去我而
個又有甚麼法兒呢左是這個院子我兩個便混進一合
搬到那三間南倒座去同住儘着你在這屋裡嘲風弄月

詩酒風流我兩個絕不敢來過問白日裏便在上屋去侍奉公婆晚間回房做些針黹樂得消磨歲月免得到頭來既誤了你還對不住公婆落了褒貶列公請聽何小姐這段交代照市井上外話說這就叫把朋友礙在那兒了安公子高高興興的一個酒場再不想作了這等一個大煞風景況他又正在年輕心是高的氣是傲的臉皮兒是薄的站着一地的丫鬟僕婦被人家排大娃兒似的這等排了一場一時臉上就有些大大的磨不開不由得一把那火直攻到顖門子上來扯脖子帶腮頰漲了個通紅纔待開口張姑娘的話來了說道大爺人家姐姐說的可是字

字肺腑句句藥石你可先別鬧左性且沉着心捺着[illegible]
細兒的想想再說話安公子便扭過頭來向他道呢想[illegible]
你還有兩句話白兒張姑娘道姐姐口裡說的話就是[illegible]
心裡要說的話不過這話不是這倆一齊那些一諾的[illegible]
得來的再就讓我說我也沒姐姐說得這等透徹如今[illegible]
聽得進去是如此如此聽不進去是如彼如彼這[illegible]
姐已經交代的明明白白的了還用我說甚麼必[illegible]
我只有一句看請擇於斯二者安公子先前聽何小[illegible]
話的時節還只認作他又動了往日那[illegible]往[illegible]來的性情
想到那裡說到那裡不過句句帶定張姑娘說着得體些

還不曾怪着張姑娘及至見他兩次三番的從旁贊襄如今又加上這篇幾句話把自己相處了一年多的一個同衾共枕的人也不知是幾時孟光接了梁鴻案這底兩天兒的工夫會偷偷兒的爬到人家那頭兒去了他又是害臊又是惱心又是着惱把小臉兒都氣黃了第一個主意便要發作一場一想不妙論今日的局面講不到雙拳敵不過四手況來都正是三人抬不過理字兒去人家的話真說的有理這一發作又將回來一定曉得母親本說把這兩個媳婦兒疼的寶貝兒似的只他兩個這番話再請父親總聽那一個字那一句不入老人家的耳合老人家的

意管取倒當着他兩個教訓我一場那我可就算輸到家

裁到地兒了不是主意待要隱忍下去又容讓着大[illegible][illegible]

况這等幾間小屋子弄一對大猴頭獅子不時的對亂[illegible]

來更不成事莫如給他個不說長短不辨是非從今日起

且乾着他不理他他兩個自然該有些着慌我那時候依

他兩個的話慢慢的把這些不要緊的營生丟開幹點正

經的來豈不是個兩全之道轉念一想出不妥當[illegible]自招

兒要合桐卿使他或者還有個心裡過不去臉上過不開

那位謝史先生可是說的出來幹的出來萬一他認真的

撥開了看這光景兩個人是一條腸兒這一個撥了那一

個有個不跟着走的嗎這屋裡又剩了我跟着嬷嬷了我這不是自巳作冤嗎再說這等一對花朵兒般嬌豔水波兒般靈動的人忍心管理的說乾着他不理他天良何在想了半日左歸不是右歸不是忽然眉頭一縐計上心來眞正俗語說的不錯强將手下無弱兵安水心先生的世兄既有乃翁的那等酒量豈沒有乃翁那等胸襟只兒他立刻收了怒容滿臉生疼的向金玉姊妹笑道領教這等講起來這個令卻有道理俾我輸了我方纔原說我輸了喝一大盃如今喝還你兩個一大盃也該沒得說了說着回頭便叫花鈴兒你把翡格兒上那個紅瑪瑙大盃拿來

一時取倒他便要過壺去自已滿滿的斟了一盃正要喝
倒見他認真要喝那大杯酒心裡早不忍起來何小姐
道自已屋裡說句頑兒話急的認起真來好沒意思些
酒吃下去看不受用他那裡肯依張姑娘也道我勸了姐
姐茶了幾天兒既這等說你認真喝那些酒可不是醉了
他公子更不搭言雙手端起酒來古都都一飲而盡閒他
兩個照舊告訖只羞得他兩個兩張粉臉泛起桃花一
齊說道這是我兩個的不是話過於說得點了一句沒
完只見公子飲乾了那杯酒一隻手按住那個杯說道
是喝了我安龍媒一定謹遵大教明年秋闈插了金花這

你個舉人後年春闈赴瓊林宴還你個進士得進了那座
淸寧堂大約不難書兩副紫泥誥封雙手奉送我如洗淨
了這雙眼睛看你二位怎生的替我整理家園孝順父母
你我三個人之中倘有一個作不到這個場中的使令這
杯子作個榜樣說着抓起那瑪瑙酒杯來擲往前門外行
頭台堦子上就摔了去這一摔果然摔在石頭台堦子上
不用講這件東西一定是鏘瑯瑯一聲星飛粉碎不想說
時遲纔從公子手裡扔出去那時快早見從台堦兒底下
搶上一個人來兩手當胸抱那紅瑪瑙酒杯緊緊的雙門
抱住這正是劇憐脂粉香娃口抵得十思一諫疏要知後

事何如下回書交代

兒女英雄傳評話第三十回終

兒女英雄傳評話第三十一回

新娘子悄驚鼠竊魂　憨老翁醉索魚鱗瓦

這回書一開場是位聽書的都要聽聽接住酒盃的這個人究竟是個甚麼人列公且慢方纔安公子捧那酒杯的時候旁邊還坐着活跳跳的一個何玉鳳一個張金鳳呢他兩個你一言我一語激出這等一場大沒意思來要豈在那裡一聲兒不言語只瞧熱鬧兒那就不是情理了說說書的把這話補出來再講那個人是誰並不遲那說他兩個兒安公子喝乾了那杯酒說完了那段話負着氣賭着誓抓起那酒盃來向門外便摔心裡好不老大的懊惱後

悄悄的一齊站起身來只說得一句這是怎麼說四隻眼睛便一直的瞅了那件東西向門外望着只見一個人從外面進來三步兩步搶上台堦兒慌忙把那件東西抱得緊緊的竟不曾捧在地下何小姐先說道阿彌陀佛夠了我的了這可實在難爲你張姑娘也道只虧了你怎麼來的這麼巧等我好好兒的給你道個乏罷且住這個人倒底是誰呀看他姊妹兩個開口便道着個你字拱爲在下的人可知既是個奴才強煞也不過算在主人眼頭裏當了個積伶差使不足爲奇不到得二位奶奶過意不去到如此況且何小姐自從作十三妹的時候直到如今又何

曾聽見過他婆婆媽媽兒的念過辟佛家有此時當作甚
等慌張的方纔好好兒的哄着人家飲酒取樂從不見過
這話不然這個理要分兩面講方纔他兩個在安公子跟
前下那番勸勉是夫妻爾汝相規的勢分也因公子風流
過甚他兩個期望過深纔用了個遣將不如激將的法子
想把他歸入正路却斷料不到弄到如此既弄到這裡了
假如方纔那個瑪瑙盃竟摔在台堦兒上鏘琅琅一聲粉
碎星飛無論毀壞了這樁東西未免暴殄天物這席酒正
是他三個新婚燕爾吉事有祥夫妻和合姊妹團聚的第
一次歡場忽然弄出這等一個破敗決裂的兆頭來已經

大是沒趣了再加公子未曾掙那東西先賭着中舉中進士的這山氣說了那等一個不祥之誓請問發甲發科這件事可是先賭下誓後作得來的萬一半到臨期有個文齊福不至秀才康了想起今日這椿事來公子何以自處他兩個又何以處公子所以纔有那番惶恐無措無如公子的話已是說出口來了孟已是飛出門兒去了這個當兒忽然夢想不到來了這麽個人雙手給抱住了扣兒鈕解了場兒算圓了一欣一慼有個不不禁不由替他念出盤佛來的嗎這正是他夫妻痛癢相關的性分說便這等說這個人到底是個誰呢是隨緣兒媳婦這隨緣兒媳婦

正是戴嬤嬤的女兒華嬤嬤的兒媳又派在這屋裡當差另一個外手裡的內造人兒今日爺奶奶家庭小宴的早就該在此伺候怎的此時倒從外來呢只因這天正是他家接續姑奶奶便是褚大娘子他婆媳兩個告假在家待客華嬤嬤又請了兩個親戚作陪客大家吃了早飯合了副骨牌四家子頂牛兒晌午無事華嬤嬤悄悄着老爺太太不在家二位奶奶一定都同房歇歇兒便叫他進去看看燕北閒人借此便請他作了個巧不成書原來那時候兒媳婦們是自幼兒給何小姐作了提攜都是個旗裝旗裝打扮的時女走道兒都合那漢裝的探雁脖兒擺腰

兒低眼皮兒瞅脚尖兒走的走法不同走起來大半是搖着側臉兒扳着個胸脯兒挺着個腰板兒走况且他那時候正懷着三個來月的胎漸漸兒的顯了懷了更兼他身子輕俏手脚靈便聽得婆婆說了答應一聲便興興頭頭把個肚子腆得高高兒的兩隻三寸半的木頭底兒咭噔咯噔走了個飛快從外頭進了二門便溜着遊廊往這院裡來將進院門聽見大爺說話的聲氣像是生氣的樣子趕緊走到當院裡對着屋門往裡一看果見公子一臉怒容他便三步兩步搶上了台堦兒要想進屋裡看看是怎生一樁事不想將上得台堦兒但見個東西映着日光霞

光當這瑠氣十條從門裡就沖着他懷裡飛了來了他一時躲不及兩隻手趕緊往懷裡一摟却是怕碰了他的肚子傷了胎氣誰知兩手一摟的這個當兒那件東西恰好不偏不正合在他肚子上無心中把件東西摟作了攏住了自己倒嚇了一跳連忙把在手裡一看敢則是書房兒上擺的那個大瑪瑙盃裡面還有些殘酒他拾裡不知句裡只道大爺吃醉了向他飛過一觴來叫他斟滿只得舉着那個酒盃送進屋裡來及至走到屋裡又見兩位奶奶見他一齊站起來說了那套話他一時更摸不着頭腦便笑嘻嘻的道請示二位奶奶再給爺滿滿的斟上這麼一

盅啊一句話倒把金玉兩個悶的笑將起來却說安公子原是個斯字不瓜的佳子弟方纔聽了他姊妹那番話一點便醒心裡早深以爲然只因話擠話一時臉上轉不開纔賭氣摔那盃子及至摔出去早已自悔孟浪見隨緣兒媳婦接住了正在出其不意又見他姊妹這一笑他便也借此隨着哈哈笑道那可來不得了攔不住你再揝着你二位奶奶灌我了快把他拿開罷因合他姊妹說道你們的新令是行了我的輸酒也喝了只差讀令不曾行到桐卿跟前大約就行也不過申明前令咱們再喝兩盃到底得上屋裡招呼招呼去金玉姊妹見他把方纔的話如雲

過天空更不提起一字廳上依舊一團和容悅色二人心裡越發過意不去倒提起精神來殷殷勤勤陪他說笑了一陣吃完了酒收拾收拾三個人便到了上房恰值舅太太纔撒牌在那裡洗手金玉姊妹便在上屋坐談叫人張羅伺候晚飯舅太太道今日是我的東兒不用你們張羅你們三個沒過十二天呢還家裡吃你們的去罷我這裡有吃的叫人來給你們送過去說話間舅太太親家太太洗完了手擺上飯來他兩個替舅太太張羅了一番纔同公子回房吃飯一時飯罷仍到上房看看點燈後大姑奶奶早赴了席回來一應女眷都迎著說笑公子見這裡沒他

的事便出去應酬應酬紫山坐到起更又照料了各處門戶囑咐家人一逕進來舅太太道你怎麽又來了倆外外姐纔叫他們招呼招呼褚大姑奶奶都家去了姑老爺姑太太不在家我今日就在上屋照應你們那邊我請親家太太先家去了還有跟我的人在那裡看着老爺我纔也叫來囑咐過了你們早些關門睡覺公子答應着繞回房來只見他姊妹兩個也是纔回家都在堂屋裡那張八仙桌子跟前坐着等了頭舀水洗手公子便湊到一處坐下一時柳條兒端了洗手水來慌慌張張的問張姑娘道奶奶有甚麽止疼的藥沒有偺們內廚房的老尤擦刀來着

手上拉了個大口子既牙裂嘴的喊疼叫奴才合媽媽討點兒甚麼藥上上何小姐便問拉的重不他說挺長[illegible]深的一個大口子長血直流的呢何小姐便叫戴嬤嬤道你叫人把我那個零星箱子搭來把那個藥匣子拿出來一時搭來拿鑰匙開開只見箱子裡面都是些大小匣子以至零碎包裹兒都有何小姐從一個匣子裡拿出一個藏兒來倒了些紅面子藥交給戴嬤嬤道給他撒在傷口上裹好了立刻就止疼明日就好了隨即收了那藥便向花鈴兒說道你把這幾個匣子留在外頭罷花鈴兒答應着一面往外拿公子一眼看見裡面有一個黑皮子圓筒兒

因道那是個甚麽何小姐便拿過來遞給他看公子打開一瞧只見裡面是五寸來長一個鐵筒兒一頭兒錮得嚴嚴的那頭兒却是五個眼兒都有黄豆來大小外面靠下半段有個鐵機子合張姑娘看了半日認不出是個甚麽用處來何小姐道這件東西叫作袖箭公子道這怎麽個射法呢他又從一個匣子裡找出個包兒來打開裡面包着三寸來長的一捆小箭兒那箭頭兒都是純鋼打就的就如一個四楞子錐子一般溜尖雪亮公子纔要上手去摸何小姐忙攔道别着手那箭頭兒上有毒便拈着箭桿取了五枝在那筒兒裡因説那箭的用法原來那袖箭一

筒可裝五枝先撥好機子下上箭一按那機子中間那[illegible]
就出去了那週圍四個箭筒兒的夾空裡還有四[illegible]消子
再撥好機子只一挑那四枝自然而然一枝跟一枝的滑
到中間那個筒兒來可以接連不斷的射出去因此又叫
作連珠箭當下何小姐說明這個原故又道這箭射得倒
七八十步遠合我那把刀那張彈弓都是我自幼兒跟着
父親學會的那兩件東西我算都用着了只這袖箭[illegible]止
他是個暗器傷人不曾用過如今也算無用之物了還有
纔要收起來公子道你把這個也留在外頭等明兒我弄
幾枝沒頭兒的箭試試看何小姐便叫人斷好箭子把那

袖箭隨手放在一個匣子裡都搬到東間去他三個人這裡因這一副袖箭便話裡引話把舊事重提張姑娘便提起能仁寺的事怎的無限驚心何小姐便提起青雲山的事怎的不堪回首安公子便提起了黑風崗怎的絕處逢生因說道彼時斷想不到今日之下你我三個人在這裡無事消閑挑燈夜話何小姐又提起他淄上怎的夢見父母的前情張姑娘又提起他前番怎的初見公婆的初事一時三個人倒像是堂頭大和尚重提作行腳時的風塵翰林學士回想作秀才時的況味真是一番清話天上人間自來寂寞恨更長歡娛嫌夜短那天早交二鼓纔已打

過亥正華嬤嬤過來說道不早了交了二更這半天了南屋裏親家太太早睡下了舅太太纔打發人來問來着呢大爺奶奶也早些歇着罷公子正談得高興便道早呢我們再坐坐兒華嬤嬤看了看他姊妹兩個也像不肯就睡的樣子無法只得且由他們談去書裏交代過的安老爺安太太是個勤儉家風每日黎明即起到晚便早早的合目連他姊妹兩個都有些流連長夜不循常度起來這其間有個原故只因何玉鳳張金鳳彼此性情相照肝膽相扶那種你憐我愛的光景不同尋常姊妹何玉鳳又是個洒落大方不爲世態所拘的兒公子不曾守得那世上不

離學房的常規例苦苦拘定這新郎不離洞房的俗論他心下便覺得在這個妹子跟前有些過意不去這日早上便推說是晚間要換換衣裳那邊新房裡一通連沒個廻避的地方不大方便囑咐張姑娘晚間請公子在西間去談談就便在那邊安歇是個周旋妹子的意思張金鳳却又是個幽嫻貞靜不爲私情所累的想到春蘭秋菊因時盛採擷誰先占一籌這兩句詩覺得自己齊眉舉案已經一年了何小姐正當新燕恰來小桃初綻怎好叫郎君冷落了他心裡同一過意不去便有些不肯却是個體諒姐姐的意思偏偏兩個人這番揖讓雍容的時候又正值公

子在坐在公子是左之右之無不宜之從得金鐲大家在東廂也可珊瑚玉樹交枝柯亦無不可初無成見這可是晌午酒席以前的話不想晌午彼此有了那點嫌隙此時三個人心裡總還憑空添出許多事由兒來了張姑娘只道是天兒却不早了此時我要讓他早些兒歇着罷他有甚姐早間那句話在肚子裡儘然如東風吹楊柳兩下風兒就飄到西頭兒來了可不像爲晌午那個話兒叫他冷淡了姐姐待說不讓他過來又好像我攔絕了他這只張金鳳心裡的話何小姐想道是我向來說一是一說二是二早間既有那等一句話此時再沒個說了不算的理只不

合晌半多了那麼一關我此時要讓他安歇自然得讓他過妹子那邊去這不顯得我有意遞他麼設或妹子一個不肯推讓起來他便是水向東流西邊這個灣兒又流過來了我又怎生對的住妹子這是何玉鳳心裏的話兩個人都是好意不想這番好意把個可左可右的安公子此時倒弄到左右不知所可正應了句外話叫作綿襖改被窩兩頭兒苦不過來了因此上三個人肚子裏只管繞成一團絲嘴裏可咬不破這個豆兒三下裏一撐把天下通行吹燈睡覺的一樁尋常事一爲難耽擱在公中就作那可西可東的一間堂屋裏坐下長篇大論整夜價攀談起

來了然則公子這日究竟再誰適從呢這是人家的房裏事閨房之中甚於畫眉那著書的既不曾秉筆直書我說書的便無從懸空武斷只好作爲千古疑案只說他夫妻三個這番外面情形講此後自然該益發合成一片性情加上幾分伉儷把午間那番盆盂相擊化得水乳無痕這纔成就得安老爺家庭之慶安公子閨房之福這是天理人情上信得及的當晚無話卻說次日午後安太太便先回來大家接着寒暄起居了一番安太太也謝了舅太太親家太太的在家照料又向褚大娘子道了不安少停安老爺也就回來歇息了片刻便問鄧九太爺回來不曾話

看看回來」請進來坐褚大娘子忙道二叔罷了罷他老人家回來都有會子了我看那樣子又有點喝過去了還說等二叔回來再喝呢此時大約也好睡了再要一請這一高興今日還想散嗎再者女婿今日也投回來倒讓他老人家早些睡罷安老爺聽了也便中止不一時大家便分投安置不提却說這日何小姐因公子不在這邊房裡便換了換衣裳熄燈就寢原來一向因那新房是一通連的戴嬤嬤同花鈴兒都在堂屋裡後一抬睡姑娘是省事慣的這晚也不用人陪伴一個人上牀一覺好睡直睡到三更醒來因要下地小解便披上斗篷就睡鞋上套了雙

鞋下來將完了忽只聽得院子裡吧嗒一聲像從高處落下一塊瓦來那聲音不像從房簷脫落下來的竟像特特的扔在當院裡試個動靜的一般他心下想道作怪這聲响定有些原故便躡足潛踪的閃在屋門槅扇後面靜靜兒的聽着隔了半盞茶時只見窗東邊窗戶上有豆兒大的一點火光兒一提早燒了個小窟窿插進枝香來一時便覺那香的氣味有些鑽鼻刺腦請教一個曾經滄海的十三妹這些個頑意兒可有個不在行的他早暗暗的說了句不好先奔到桌兒邊摸着昨日那個匣子取出一件東西便合在口裡你道他含的是件甚的東西原來

是塊龍寶石怎的叫作龍寶石大凡是個虎胸前便有一塊骨頭形如乙字叫作虎威佩在身上專能避一切邪物是個龍胸前也有一塊骨頭狀如石卵叫作龍寶含在口裡專能避一切邪氣不必講方纔插進牕戶來的這枝香是枝薰香凡是要使薰香自己先得備下這椿東西不然那不自己先把自己薰背了氣了嗎這是姑娘當日的一椿隨身法寶沒想到作新媳婦會用着了話休煩瑣卻說何小姐含了那塊龍寶石聽了聽牕外沒些聲息便輕輕的上了牀先把那香頭兒捻滅了想道這毛賊要這等作起來倒不可不防只是我這一呼喊求、但被這廝看着膽怯前面走更的一時也聽不見倒難保驚了公婆偏我那把刀因公公道是新房不好懸掛不在跟前那彈弓雖在手下却又一時尋不及那彈子這便怎樣正在爲難忽然想起昨日得的那副袖箭正下了五枝箭在裡頭便暗地裡摸在手裡依然隱在屋門槅扇邊看着一時早只堂屋裡靠西邊那扇大槅扇上水濕了一大片他便悄悄的出了東間屋門躲在堂屋裡東邊這扇槅扇邊看那個賊待要怎的纔隱住身子只見那水濕的地方從縫縫兒裡伸進一隻手來先摸了摸那橫門又摸了摸那上門的鐵環子便把手擊個去送進一根帶着鈎子的雙股兒繩下來

只見他用鈎子先把那橫門搭住，又把繩子的那頭兒拴在悶棍兒上，然後纔用手從那鐵環子裡褪那橫門。褪了半日，竟被他把那頭兒從環子裡褪出來，那門只在那繩子的鈎兒上鈎着。何小姐看了，暗說有理。他褪下那頭兒來，一定還要褪這頭兒，好用兩根繩子攏總兒的繫下來，放在平地，免得响動。好笨賊，你這個主意可拙了。說着，果聽得槅扇外邊脚步聲音慢慢的溜過東邊來。他便順着槅扇裡邊也慢慢的溜到西邊兒去，隱在門閃着身子，從那洞兒裡往外一看，見那天一天雪意，陰得雲濃霧鎖，月色星迷，且喜是月半天氣，還辨得出影向來。瞧了半日，只望不見撥門的那個倒看見那門那裡蹲着一個往後坎進去的角門跟前蹲着一個在那裡把風對面南房上又站着一個壯大黑粗的大漢腰裡掖着一把明晃晃的順刀已經把房上的瓦揭起一疊來放在身旁手裡還捐着三片瓦台那背底望着東墻却早撥了一扇門立在牆邊前何小姐暗道要來先把房上的這個東西弄住他纔得收手隨又想道且慢只要驚走他也就罷了說着又見那東槅扇上也濕了果然照前一樣的遞進一根帶鈎子的繩兒來想要鈎住東頭兒的門何小姐趁他入繩子的時節暗暗的早把這頭兒槅門依然套進那環子去抱那

巷門的鈎子給他脫落出來趁陰身進了西間聽了聽安公子合張姑娘在卧房裡正睡得安穩兩個牀上的華嬤嬤合柳條兒已是受了那屋裡些薰香氣息酣睡沉沉他便假裝打了個呵欠門外那個賊一聽倒是一驚暗道怎的薰香點了這半日還有人醒着忙的他把個繩頭兒不覺拴好一失手連鈎子掉在屋裡地下了他便趕緊跑開躲着暗暗裡面的動靜你看這夥賊要果然得着這位姑娘些兒裡說此時認些晦氣走了倒也未嘗不是知難而退不想他聽了屋裡一個呵欠之後鴉雀無聲只道又睡着了他從貪心裡又起了個飛智便想用西邊這根繩兒先

把這頭兒的門緊到地騰出繩兒來再緊東邊的那頭兒早又鶴行鴨步的奔到西邊兒去這個當兒何小姐早到了堂屋裡把他失手扔的那根繩子拿在手裡挪貼着西邊第二扇槅扇蹲着看他怎的搬敓搖却說那賊轉過來從廳槅上解下那根繩待要往下帶那橫門早覺得那繩子輕飄飄的脫了空他便悄悄的叭了一發似乎覺得鬆異想道莫不是方纔我忽忙裡不曾把那門栓得下來重新探進手來摸何小姐兒道賊渾到如此却順上他點繩兒來了使把那副袖箭放在地下把手伸那根繩子雙過來等賊的手探到鐵環子跟前猛可的從底下往他腕子

一套擰住了只往下一扨又往後一蹬乘勢就搭在那根備門上左三扣右三扣的把隻手反捆在門上還怕他掙開了繩頭兒又把西邊隐槅上那根空繩子解下來十字八道的背了幾個死扣兒自已却又拿起袖箭來躲在東邊去望着那賊的動静手本是從壁西槅扇儘西的這個隐槅裡探進來纔設得着那鐵環子纔這往下一扨往後一蹬一隻胳膊是滿記放在屋裡胸膛子是靠了兩間金柱了待要伸左手來救那隻右手急切裡轉不過身來作賊的可没個讓救人的他掙了兩掙不曾掙得動分毫便嘴裡打了個哨子哨那兩個把風的賊那兩個聽得哨

子响只道是撥開門了這就可以下手偷了哈着腰兒就往這邊來倘小姐從東邊的窗洞兒裡兒這兩個也進來了心裡倒有些忐忑暗想照這等狗一般的賊就再多來幾個也不妨只是我如今非從前可比斷不好合他交手只待拴住了這個倒怕他一時急了餘一個跑三個傷了這個老實的那時倒是大未完這要不用個敲山振虎的主意怎的是個了當想罷他隔着那窗洞兒往外望了望只見房上那個正斜簽着蹲在房簷邊目不轉睛的盼那三個開門呢他便把那袖箭從窗洞兒裡對了房上那賊看得較准把那跳機子只一按但聽喀吧一聲哧一箭正

釘在那賊的左胯上那賊冷不防着這一箭只疼得他咬着牙不敢則聲饒是那等不敢則聲也由不得噯喲出來腳底下一個蹲不穩便咕嚕嚕從房上直滾下來咕咚跌在地下手裡的瓦一片聲响摔了一地這邊三個賊聽得一齊回頭看時見房上那個賊跌了下來一則怕跌壞了他二則怕驚醒了事主忙的顧不及合拴着的這個搭話他奔過去看那個只這一陣早驚醒了南屋裡的張太太問道傻兒响唧藍嫂你聽聽不是毛把瓦蹬下來了哇這邊拴着的聽了只乾着急苦掙不脫那兩個跑過去見跌下來的那個幾掙得起來那只坐在地下發怔他兩個也顧

不得南屋裡事主說話便扎他揪起來撈着要想逃避不想那個的腿已經木的不知痛癢只覺當眼裡如刀剜一般疼痛那兩個還只道他是跌了腿悄悄的說道你扎掙些溜到背靜地方躲一躲要緊這一陣喊聲早被何小姐聽見緊聰大聲的說道糊塗東西他腿上着着一枝梅針藥箭呢你叫他怎麼個扎掙法一句話嚇得那兩個再不及那個帶傷的拚命的奔了牆邊立的那扇門去躥跳跋爬到牆上端的那瓦一片山响纔上房後聽一帶又把一二溜簷瓦帶下來嘩溜嘩啦鬧了半院子鬧的大不成個樣上台子的居西兩個上了房又怕自己再將上一節要跳

房脊去縱縱身望窗下跳早見一個燈亮兒一閃有人喊道不好了房上有了人了你道這人是誰原來是張親家老爺他那晚睡到半夜忽然要出大恭開了門提了個百步燈出來纔繞到後邊聽得房上瓦响他把燈光兒一[illegible]兒兩個人爬過房來他就嚷起來把屎也嚇回去了這一嚷早驚動了外邊的人房上那兩個賊見不是路重新又爬過房脊來下了房發腳往遊廊門外就跑第一個先跑出來便藏在上房東鎖山門兒裡及至第二個跑出來二門上早燈籠火把進來了一羣人一個個手拿鈎桿子撓水桶的[illegible]子由上來這賊腳下腰裡的[illegible][illegible][illegible]要動手不防身

後一鈎桿子早被人胡擄住了按在那裡捆了起來這個一當兒張進寶早提着根棒槌般粗細的馬鞭子吆吆喝喝進來先說道拿只管拿別傷他也別只顧大意兒上背着地方兒要緊一句話那一個藏不住巴了巴頭兒見一溜子的人他一扎頭順着廊簷就往西跑誰知東次間有個爐坑因天涼起來了[illegible][illegible]爺太太不在家燒了幾天火炕怕圈住炕氣敞着爐坑板兒呢那賊不知就裡一腳踹空了咕咚一聲掉下去了大家撓鈎繩索的揪上來又得了一個這一番吵嚷安老夫妻早驚醒了安老爺隔窗問道這光景是有了賊了你們只把他驚走了也罷何必定要

己太生性了

拿住他張進寶答道回老爺這賊鬧的不像一個個手裡都有傢伙只這院子裡已經得着倆了恐怕還有呢安老爺聽見不止一個賊又手持器械也有些詫異只管詫異却依然守定了那傷人乎不問馬的聖訓只問了一聲可曾傷着人絕口不問到失落東西不曾這一句大家回道沒傷人倆賊都捆上了安老爺便一面起來下牀穿衣只聽張進寶說道留倆人這院裡招護偺們分開從東西耳房兩路繞到後頭去小心有背眷見子裡寓着的當下張老同了晉升戴勤一班人帶着人去查西路張進寶便同了華忠梁材帶人進了東遊廊剛他一進門纔要開發了

爺奶奶沒有一句話不曾說完燈光下只見當院裡又下躺着個人在那裡哼哼又一個正在那裡撬槅扇屈戌兒張進寶大喝道你這野雜種好大膽子見了人還不跑敢在這裡掏窗戶說着西路去的人也趕到這院裡了繩子也來了大家一窩蜂上前有幾個早把當地那個賊上有幾個便奔了槅扇邊這個來拉住往台階下就打可耐拉了半日絲毫拉他不動張進寶怕驚了爺奶奶便叫華奶奶你回爺奶奶家人們都在這裡呢不用害怕華嬤嬤這個當兒醒雖醒了只答應不出來早驚何小姐在屋裡笑道我敢是有些害怕我怕你們拉不動這個賊他這

隻胳膊在橫門上捆着呢等開了門你們進來解罷開了半日衆人此刻纔得明白大家便先把那賊的左手左脚綁在一處那賊只剩得一條腿在那裡跳咯噔兒了按下門外的衆人不提話分兩頭却說屋裡的何小姐方纔見四個賊擒住了兩個那兩個纔辦條逃路又被外面一聲喊嚇回來了早料這一驚動了外面大亂那兩個也走不來他便安安詳詳的穿好了衣服先把燈燈了發們叫起了斷那香點得工夫小人腦的地方遶 叫便都醒了只是慌作一團他又慮到怕公婆過來一兩忙忙的漱口攏頭一面便叫華嬤嬤請公子合張姑娘起來幸喜那卧房

更是殷殷又放着帳子兩個都不曾受着抓撓香氣息也因這個上頭悞了點兒事人家鬧了半夜他二位纔漸漸兒不知道等華嬤嬤隔着帳子把張姑娘叫醒了他們還只嚇得渾身一個整顫兒連忙推醒了公子公子畢竟是個丈夫有些膽氣翻身起來在帳子裡穿好了衣服下了牀登上靴子穿上皮襖繫上搭包套上件馬褂兒又把衣裳掖起來帶好了帽子手裡提着從寶鐙花拖着七寸寬長大紅穗子的一把玲瓏寶劍從臥房裡就殺出來了恰好何小姐完了事將進西間門看見笑道賊都捆上了你這時候拿着這把劍劉金定不像劉金定穆桂英不像穆

桂英的要作甚麼呀這樣冷天依我說你莫如擱下這把劍倒帶上條領子兒也省得風吹了脖頸兒公子聽了摸了摸纔知裝扮了半日不曾帶得領子還光着個脖兒呢又忙着去帶領子一時張姑娘也收拾完畢嬤嬤丫鬟們一面疊起鋪蓋藏過閒器公子便要出去倒小解道莫忙讓他們歸着完了開了門纔出得去呢公子聽說提上那把劍自己便來開門纔到當屋裡但見一隻漆黑大粗的胳膊掏進窻戶來却捆在那門上忙的問道這是誰何小姐笑道這是賊從半夜裡就拴在這裡了如今外頭也捆好了我却不耐煩去解他勞你施展施展你那件兵器給

他把繩子割斷了那公子道交給我這又何難擄了擄袖子上前就去割那繩子顫兒哆嗦的鼓搗了半日連繩帶拉纔得割開那賊好容易纔出那隻手去好容易又解下那腰誤傷被那劍劃了兩道口子抿耳低頭過晚綁了屁股了門那時天已閃亮何小姐往外一看只見兩個賊捆在那裡他便先讓張親家老爺進來歇息讓向張進寶道張爹你叫他們把這四個東西都擱在這旁邊小院兒裡去好讓我們過去請安再也怕老爺太太要過來問又叫花鈴兒向桌子上取出兩個紙包兒來便指着那受傷的賊向張進寶道別的都不要緊這一個可衹了我一蒲蘭

兒女英雄傳　第三十一回　二十　聚珍堂

只要過了午時他這條命可就交代了你作件好事把這
一包藥用酒冲了給他喝下去那一包藥醋調了給他上
在箭眼上留他這條命好問他話張進寶一一的答應那
賊聽了這話總如夢方醒不然大家去依言料理那識安
太太初時也吃一嚇及至聽得無事纔放心也只略揀了
梳頭匣上塊藍手巾先叫人去將兒子媳婦悄悄的住三
個前來問安安老爺依然安詳鎮靜在那裡漱口擦面纔
待完事老夫妻便問了詳細何小姐前前後後述回了一遍
安老爺便向公子說道幸虧這個媳婦不然竟開了門失
些東西倒是小事倘設或何那些[illegible]大約咱們於[illegible]一項

我家事機過順自我起不免有些不大經意或者享用過度否則心存自滿纔有無平不頗的道理這番警戒大家不可不知修省說着便站起來說我過去看看太太們向何小姐道你可招護着些兒安老爺道暖呀你上了歲了這怎的樣性急你也同過去看看此時舅太太親家太太褚大娘子都過來道受驚大家說了沒三兩句話只聽得二門外一聲大叫說道好囚攮的在那兒呢讓我瞧瞧他幾顆腦袋一聽那是鄧九公的聲音老爺同公子連忙迎出來安太太一班女眷也跟出來只見鄧九公皮帽也不曾穿只穿着件藍衣裳的大夾襖披着件皮臥龍袋有

兒女英雄傳 一[illegible]

護光着腦袋手裡提着他那根壓裝的虎尾鋼鞭進了二門怒吽吽的一直奔東耳房去安老爺忙着趕上拉住說九哥爺要怎的他道老弟別管你不知道這東西糟踏了我了且叫他一個人吃我幾鞭再講安老爺道不可撒傷那人你我是要就不是的有王法呢他又道王法有王法也不鬧了安老爺道就說如此你我也得問個明白再作道理他又道那裡那麽大粗的工夫說着挺身只要趕過去打安老爺看了看那樣子一臉們子酒大約昨日果真喝過去了睡了一夜竟沒醒得清楚好說歹說死拉活拉的纔把他拉進屋子安太太大家也都過來褚大娘

子一見光景這上羣爺天熱衣裳也不穿穿[illegible]
一句話提醒了安老爺便叫人出去取了衣裳來給他一件
穿着一面問何小姐那賊的行徑何小姐又說了一遍只
氣得他巨眼圓睜鬚髮亂乍安老爺勸道老哥哥[illegible]不
消動這等大氣他還不往下聽便道老弟你莫怪我[illegible]
你只管把這起狗娘養的叫過來問個明白我再合他[illegible]
話我有我個理給我把這個理兒說了你就算[illegible]
兒不聽勸了安老爺是透知他那吃軟不吃硬的脾[illegible]
便道就這樣你我且問問這班人是怎的個來由因叫人
在廊下放了三張杌子連張老爺也出去坐下安太太[illegible]

家都關了風門子都躲在破窗戶洞兒裏偷望外看只見衆家人把那班賊連提携帶拉的拉過來安老爺一看一個個都綁得手腳朝天的合伏着把臉貼在地下老爺已就老大的心裡不忍先嘆了一聲說道一樣的父母遺體怎生自己作踐到如此便吩咐道且把他們鬆開大約也跑不到那裡去鄧九公嚷道跑那算他交了運了衆人一面答應着便把那班人腿上的綁繩鬆了依然背剪着手還把繩子拴了一條腿都提起來跪在地下安老爺一看只見一個腰粗項短一個膀濶身長一個濃眼濃眉一個鬼頭鬼腦安老爺問道你們這班人我也不問你的姓名

住處只是我在此住了多年從不曾薅惱鄉憐欺壓良善
你們無端的來攪擾我家是何原故只管實說那班人人
是着慌又是害臊一時無言可對只低了頭不則一聲早
把鄧九公慪上火來了一伸手向懷裏把他那副大鐵毬
掏出一個來攥在手裏瞪了圓彪彪的眼睛向那班人道
說話呀小子別粧裱極慌的鬼頭鬼腦的那個連忙叫道
老爺子你老別打讓我說因望着鄧九公道大凡是個北
京城的人誰不知道你老這裏是安善人家可有甚說得
罷我們的鄧九公又囑道我不姓安我是尋衍兒的人求
本主兒在那邊兒呢你朝那邊兒說那人纔知他說了句

兒女英雄傳 第三十一回 二十三 聚珍堂

日敢則全不與他相干扭過來便向着安老爺說道讓我告訴你老一句話沒說完華忠從後頭喝道就是一[illegible][illegible]道你這個老爺小的也不會稱呼你要上了法堂呢[illegible][illegible]道忙改口道小的小的回稟老爺今日這回事都是小的帶累他們三個了因努着嘴指着旁邊兩個道他們是親哥兒倆一個叫吳良一個叫吳發那個姓謝叫謝抵人都稱他謝三哥小的姓霍叫霍士道小的們四個人沒營業就仗偷點兒摸點兒活着小的有個哥哥叫霍士端在外頭當長隨新近落了逃回來了小的合他說起窮苦[illegible]他說這座北京城遍地是錢就只沒人去撿小的問起來他

就提老爺從南省來人帶的上千上萬的銀子誰說又娶
了位少奶奶陪嫁妝就是十萬黃金十萬白銀他這就折
了小的這條明路得了手他要分半成賬小的聽了這話
就惱了他三個來的安老爺聽到這裡笑了一笑便問道
來了怎麼樣呢那賊道小的們來是從西邊史宅房上過
來這到這裡的及至到了房上一看下來不得了安老爺
道怎麼又下來不得呢那賊道小的們這作賊有個試驗
不怕星光月下看着那人家是黑洞洞的下去必得手不
怕夜黑天陰看着那人家是明亮亮的下去不但不得手
巧了就會遭事昨晚這到這房上往下一看院子裡倒像

一片紅光單着依謝三就要回頭是小的貪心過重好在他們三個的貪心也不算輕可就下來了不想這一下來通共來了四個倒教老爺這裡捆住了兩雙作賊的落到這個場中現眼也算現到家了如今要把小的們送官也是小的們自尋的無的可怨到官也是這個話老爺要存小的們可憐兒兒的只當這宅裡那谷孔子裡下了一窩小狗兒叫人提着耳朵往車轍裡一扔爲老爺積德超生了小的們了安老爺還要往下再問鄧九公那邊兒早聞了談了說照這麽說人家合你没甚麽說兒呀該偺老爺兒們稿一綹例我且問你你們認得我不認得四個人齊

聲道不認得登時把個老頭子氣的紫漲了臉嗳成一片說道好哇你們竟敢說不認得我告訴你我姓鄧可休不得天子腳底下的人生長在江北淮安住家在山東茌平也有個小小的名聲兒人稱我一聲鄧九公大[illegible]是[illegible][illegible]中的字號人兒誰見了我鄧九公在那裡[illegible][illegible][illegible][illegible][illegible][illegible]左右的草枝兒也未必好意思的動一根[illegible][illegible][illegible][illegible][illegible]之下住在我好朋友家裡就你們這麼一起子毛頭孩子不說夾着你娘的腦袋滾的遠遠兒的倒在我眼皮子底下把人家房上地下糟塌了個土平你們這不是成心對看我來了嗎還敢公然說不認得我先一個人砸陪你一

雙眼睛大瞅往後你就認得我了說着就挽袖子要打安
老爺聽了半日纔明白他氣到如此的原故上前一把拉
住大笑道老哥哥你氣了這半日原來爲此你急的合衛
生講起人話來了他便焦燥道老弟你不知道我真不夠
瞧的了麽安老爺道尤其笑話兒了我一句話老哥哥你
管保沒得說你縱然名鎮江湖蓋不濟也得金剛郝武海
馬周三那班人纔巴結得上瞧得你的大名這班人你叫
他從那裡知道你又怎的配知道道呢安老爺道夕話纔叫
做藍靛染白布一物降一物早見他肉飛眉舞的點頭說
道老弟你這話我倒依了話雖如此他既沒那雁過拔[illegible]

的本事就該悄悄的來悄悄兒走怎麼好好兒的把人家
折了個希爛這個情理可也恕不過去安老爺道小賊天
下通行挖扇撬戶蹦兩片瓦也事所常有依我說這些人
也不過為饑寒二字纔落得這等無恥如今既不傷人
又不曾失落東西莫如竟把他們放了叫他去改過自新
也就完了椿事了鄧九公只是拈鬚搖頭像在那裡斟酌
這公子旁邊聽着是不敢駁父親的話只說了一句請示
父親放却不好就放罷不防一旁早惱了老家將張進
寶他聽得安老爺要放這四個賊便越眾出班跪下回道
回老爺這四個人放不得別的都是小事這裡頭關乎着

霍士端呢霍士端他也會受過老爺的恩典吃過老爺的錢糧米兒行出這樣沒天良的事來這不是反了嗎往後奴才們這些富家人的還怎麼擡頭兒見人依奴才糊塗主意求老爺把他們送了官奴才出去作個抱告合他質對去這場官司總得打出霍士端來纔得完呢安老爺道阿阿一位鄧九太爺我好容易勸住了你又來了便果然是霍士端的主意於我何傷於你又何傷小人何苦作小人君子樂得為君子不必這等尚氣鄧九公道你爺兒倆不用指我有個道理講送官不必原故滿說把他辦發了走不上三站兩站那班解役得了他一塊錢依就放回來了

還是個他說就這麼放了也來不得這裡頭可得了我也
你們爺兒們通精兒了這不當着他們[illegible][illegible]們[illegible][illegible][illegible]子
搖老弟你要知道是個賊上了道沒個不[illegible][illegible][illegible][illegible][illegible][illegible]
手他不甘心吃了虧沒個不想報復的不報復也不甘心
就這等放了他可得防他個再來就讓他再來當講這個
滿臉就比他再有些能爲來這麼一百八十的也當不要
緊只是你我那有那麼大工夫等着台他慪氣去[illegible][illegible][illegible]
知些進退不敢再來了狗可改不了吃屎一個犯事到官
說畱在咱們這宅裡放過他老弟你也就點兒考成安老
爺一聽他這番話倒然是有理便問依九哥你怎麼樣呢

鄧九公道依我這不算者弟你開了恩了嗎這事於你無干把這班人都交給我你的好意我絕不逼他一指頭傷他一根汗毛可得把他揉搓到了家業我纔放他呢他說完了這話更無商量便向那班賊發話道這話你們可聽出來了人家本主兒是放了你們了沒人家的事如今就是鄧九太爺朝你們說咧你方纔不說聽得他家娶了一位少奶奶嫁粧就有十萬黃金十萬白銀嗎這話有的只怕他這金銀你們動不了他的我先透給你個信兒昨日聽出你們那塊瓦來的就是他滅了你們那伙黨的也是他[illegible]上你們上一個[illegible]也是他射了你們一個[illegible]

八般武[illegible]用不[illegible]
一躥溜的躥蹿縱三層樓不夠他一伸腰兒的他可就是
我的徒弟這話可不知你們信不信現在人家不過是作
了奶奶太太了不肯合你們狗一般的人交手所以昨日
總不得開門出來止經蟬兒的射那一枝箭給你們報箇
信兒他那箭叫作袖箭又叫作連珠箭他發去枝要射你
們四個整數儘着一枝兒再他有張銅胎鐵背的硬弓打
一由八錢重的鐵彈子二百步外取人要指出地方兒來
這是人家的傳家至寶不犯着拿出來給你們看就外邊

有一把雁翎倭刀說着他便扭頭向安公子道老賢姪那把刀呢安老爺早已明白你的用意便道在我那裡隨時公子取來鄧九公接在手裡拔出來先向那班人面前一閃那四個的八隻手都在身背後倒剪着招架也無從招架只倒抽了一口涼氣扭着頭往後躲鄧九公看了呵呵大笑說道諒你們這幾顆腦袋也擱不住這一刀但是一件你九太爺使傢伙可講究刀無空過講不得只好合你們的兵器擱災了說着就把他四個用的那些順刀鐵[illegible]

不甘心今日走了改日只管來你們還得知道我[illegible]們這幾件傢伙不是奚落你是衛顧你不然的時候少停你們一出這個門兒帶着這幾件不對眼的東西不怕不吃地方拿了你們可得領我倆大情這不我[illegible]了你們了賜你們老弟兄們也得衛顧衛領我你瞧我江南江北關裡關外好容易剎到這個分兒了今日之下你們瞧在我眼皮子底下把我的好朋友家裡揭了個土平我不答應你瞧我這不是變方法兒把你們這幾件囫圇圓的

兵氣給你們弄碎了瞧你們就只想方法兒把我這一地

破破爛爛的瓦給我弄整了這正是補天縱可彌天隙毀

瓦焉能望瓦全要知後事如何下回書交代